바로 알고, 바로 쓰는
빵빵한 어린이 경제퀴즈

초판 1쇄 인쇄 | 2024년 7월 10일
초판 1쇄 발행 | 2024년 7월 10일

글 · 그림 | 박빛나
펴 낸 이 | 안대준
펴 낸 곳 | 유앤북
등   록 | 제 2022-000002호
주   소 | 서울시 중구 필동로 8길 61-16, 4층
전   화 | 02-2274-5446
팩   스 | 0504-086-2795

ISBN 979-11-984882-8-2 74700
ISBN 979-11-977525-0-6 (세트)

※ 이 책의 저작권은 〈유앤북〉에 있습니다. 저작권법에 의해 보호를 받는 저작물이므로 무단 전재와 복제를 금합니다.
※ 잘못된 책은 〈유앤북〉에서 바꾸어 드립니다.
※ 여러분의 소중한 원고를 기다립니다. you_book@naver.com

바로 알고, 바로 쓰는
빵빵한 어린이 경제퀴즈

유앤북

머리말

우리 아이 경제 교육을 돕는
「빵빵한 어린이 경제퀴즈」

요즘은 어린이들의 경제교육이 매우 중요한 시대입니다. 어린이도 소비자로서 어른과 마찬가지로 엄연한 경제 주체이기 때문이지요. 그러므로 어린이들이 돈의 가치를 바르게 이해하고, 어떻게 관리해야 하는지 배우면, 자신이 성인이 되었을 때 재정에 관해 올바른 결정을 내릴 수 있게 됩니다. 이 책은 어린이들 스스로 예산 세우기, 저축, 소비 우선순위 결정하기 등과 같은 기초적인 재정 관리 능력을 키울 수 있도록 도와줄 것입니다.

그렇다면, 어린이들이 경제에 대해 배우면 어떤 이로운 점이 있을까요?

첫째, 책임감과 자립심 형성에 도움을 줍니다.
경제에 대해 알면, 어린이들은 자기 소유의 용돈이나 다른 수입을 어떻게 사용하고 관리해야 하는지 배우면서 경제적 책임감과 자립심을 키울 수 있지요.

둘째, 의사 결정 능력 향상에 도움을 줍니다.
자신의 경제 선택으로 인하여 이익이나 손해 등 어떤 결과에 이르는지 이해하게 되면, 어린이들은 더 신중하고 합리적으로 경제활동에 관해 판단하고 결정을 내릴 수 있게 되지요.

셋째, 성장 후 미래의 재정적 안정성을 도모하는 데 도움을 줍니다.
어릴 때의 경제교육은 어린이들이 성장한 후에 맞닥뜨리게 될 경제적인 도전의 기회를 더 잘 준비할 수 있도록 도와줍니다. 또한 경제적인 위기를 슬기롭게 극복할 수 있는 지혜를 터득할 수 있게 되지요. 이를 통해 재정의 안정으로 행복한 삶을 유지하도록 해준답니다.

넷째, 창의력과 문제 해결 능력 향상에 도움을 줍니다.
자신이 소유한 제한된 자본을 바탕으로 가장 좋은 이윤을 얻기 위해 고민하고 공부하는 과정을 통해 어린이들은 창의력과 문제 해결 능력이 향상되지요. 나아가 경제적 문제뿐만 아니라 다른 학습이나 삶의 문제를 해결하는 능력 발달에도 큰 도움이 된답니다.

다섯째, 소비자 의식을 증대시키는 데 도움을 줍니다.
경제교육은 어린이들을 보다 더 똑똑한 소비자로 만들어 주지요. 어린이들은 무턱대고 광고의 영향을 받지 않게 되며, 자신의 필요와 판단에 따라 현명하게 소비하고, 상품과 서비스의 가치를 평가하는 능력도 갖추게 된답니다.

여섯째, 가정·사회·국가 경제 시스템의 기본을 이해하는 데 도움을 줍니다.
어린이들은 경제교육을 통해 자본주의, 시장 경제, 금융 시스템 등 우리나라뿐만 아니라 세계 경제 전반의 기본에 대한 이해도가 높아지지요. 그리하여 자신이 성인이 되었을 때 더 지혜로운 경제 주체로서 효과적으로 경제활동에 참여할 수 있게 된답니다.

일곱째, 심리적 안정을 도움을 줍니다.
경제교육으로 돈에 대해 이해하고 관리할 줄 알게 되면 어린이들은 심리적으로 안정감을 유지하게 되지요. 가정이나 사회에서 돈이 어떤 역할을 하는지 알고, 그것을 잘 관리하는 방법을 이해하여 실천하게 되면 돈과 관련된 스트레스나 부모님과의 갈등에서 오는 생활의 피로도가 훨씬 줄어든답니다.

이 『**빵빵한 어린이 경제 퀴즈**』에는 어린이들이 읽기에 다소 어려운 경제 용어들도 나옵니다. 그런 용어들의 바른 뜻을 부모님과 함께 알아보고 배우는 과정이 경제교육의 핵심임을 기억하면 좋겠습니다. 이 책을 통해 어린이들이 경제의 기본에 대해 올바르게 이해하고 일상생활에서 실천해 나감으로써 장차 당당한 경제 주체로 성장해 나가기를 바랍니다.

박 빛 나

차례

1장_ 경제의 기초가 뭔지 알려줄게.

2장_ 금융기관이 뭔데?

3장_ 돈 관리는 이렇게 해야지.

4장_ 나라끼리도 거래를 한다고?

5장_ 우리가 왜 세금을 내야 하지?

6장_ 알아두면 쓸모 있는 경제 상식!

1장

경제의 기초가 뭔지 알려줄게.

경제의 기초가 뭔지 알려줄게.

경제의 기초가 뭔지 알려줄게.

1장_경제의 기초가 뭔지 알려줄게.

경제의 기초가 뭔지 알려줄게.

경제의 기초가 뭔지 알려줄게.

경제의 기초가 뭔지 알려줄게.

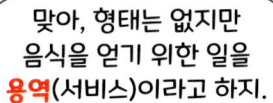

경제의 기초가 뭔지 알려줄게.

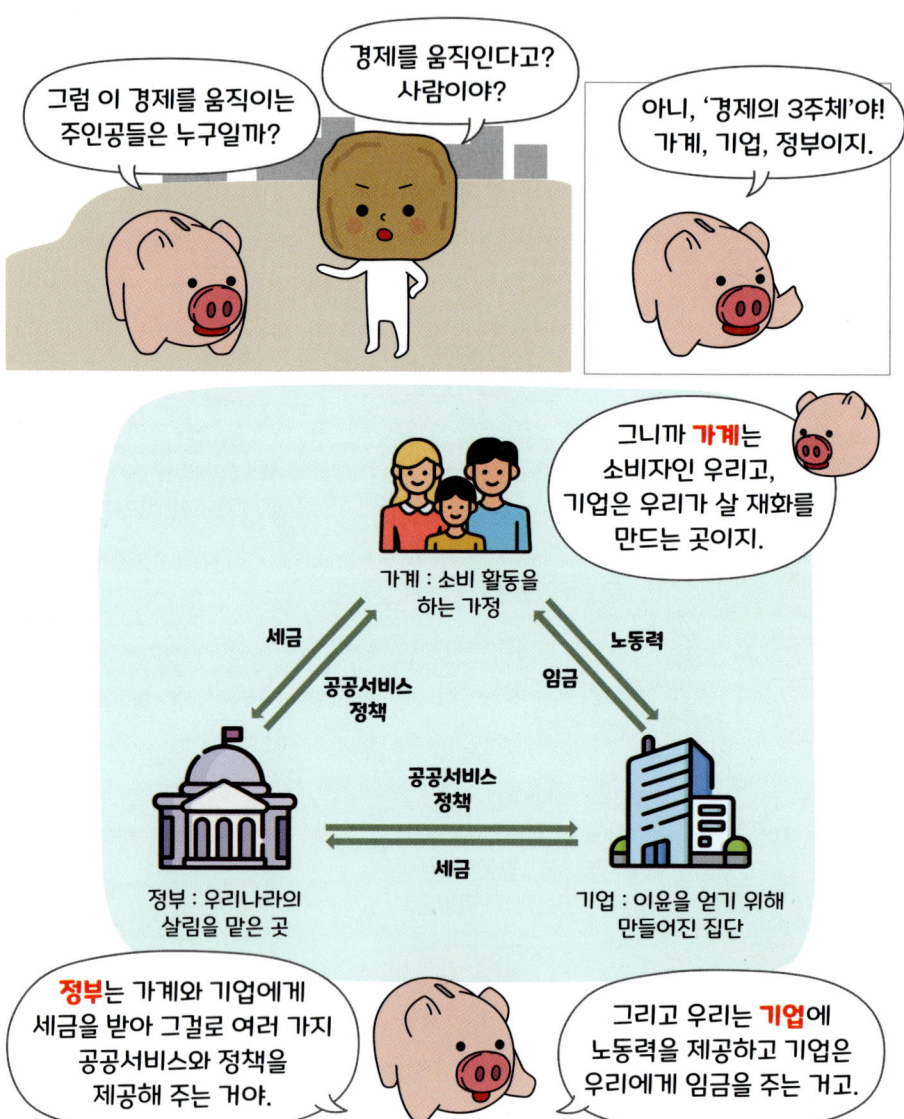

경제의 기초가 뭔지 알려줄게.

문제 001

사람의 생활에 필요한
다양한 물건을 말하는 단어는?

ㅈ ㅎ

정답:

문제 002

생산과 소비에 필요한
일을 제공하는 것으로
사람의 생활에 필요하지만
형태는 없는 것은?

ㅇ ㅇ

정답:

문제 003

우리가 살아가는 데 필요한
재화와 용역을 만들고,
나누고, 사고 팔고, 사용하는
모든 것을 뜻하는 말은?

ㄱ ㅈ

정답:

문제 004

경제의 3주체는?

ㄱㄱ / ㄱㅇ / ㅈㅂ

정답:

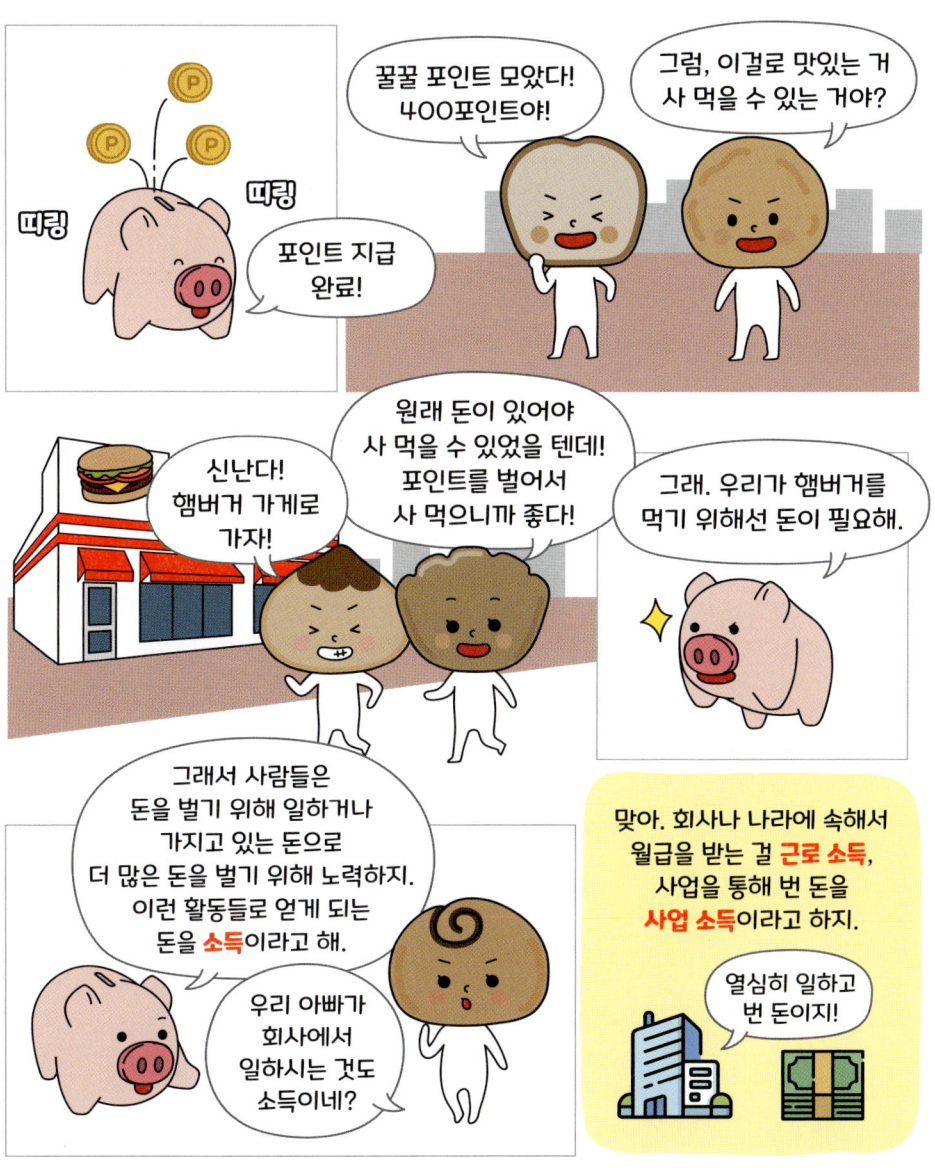

경제의 기초가 뭔지 알려줄게.

저축의 이자나 주식으로 차익을 얻는 걸 '자본 소득', 나라에서 지원받는 돈이나 보험을 통해 얻은 돈은 '이전 소득'이라고 해.

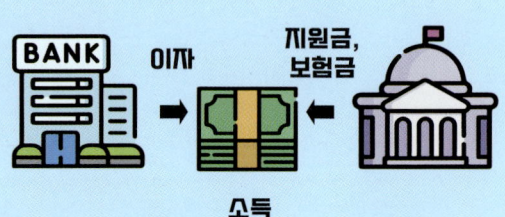

소득

이런 소득을 사용해 재화나 용역을 얻는 걸 **소비**라고 하지.

소비! 나 소비에는 자신 있어!

그게 자랑이니? 아끼고 절약해야 착한 어린이랬어.

민이가 아주 잘못한 것만은 아니야. 만약 모든 사람이 소비를 하지 않는다면 어떤 일이 생길까?

가게들이 장사가 안 되지 않을까? 손님이 없는 거잖아.

경제의 기초가 뭔지 알려줄게.

"그럼 어떻게 하는 게 좋은 소비야?"

"나에게 정말 필요한지 충분히 고민하고 소비할 줄 알아야 해. 그래서 **기회비용**을 따져가며 소비하는 습관이 필요하지."

"기회비용은 또 뭔데?"

"여러 대안 중 하나를 선택할 때 선택하지 않은 것 중 가장 좋은 것의 가치를 말해."

"예를 들어 볼게."

5천 원을 가지고 공책을 사러 갔는데 노란색, 파란색 공책 둘 다 마음에 들었지만 각 3천 원씩 총 6천 원이라 둘 중 하나만 살 수 있다고 해보자.

결국 노란색 공책으로 구매했는데, 노란색 공책을 사기 위해 파란 공책을 사지 못했다면 파란 공책이 기회비용이 되는 거지.

기회비용

문제 005

일하거나 가지고 있는 돈으로
얻게 되는 돈을 뜻하는 말은?

ㅅ ㄷ

정답

문제 006

회사나 나라에 속해서
받은 월급 /
사업을 통해 번 돈을
뜻하는 말은?

ㄱㄹ ㅅㄷ / ㅅㅇ ㅅㄷ

정답

문제 007

소득을 사용해
재화나 용역을 얻는 것은?

ㅅ ㅂ

정답

문제 008

여러 대안 중 하나를 선택할 때
선택하지 않은 것 중
가장 좋은 가치를 뜻하는 말로
소비할 때 반드시
고려해야 하는 것은?

ㄱㅎ ㅂㅇ

정답

가격은 재화나 용역이 지니고 있는 가치를 돈으로 나타낸 거야.

예전엔 필요한 물건이 있으면 각자 가지고 있는 물건과 교환했는데 얼마나 불편했겠어? 그래서 돈을 만들어 물건과 교환하기 시작한 거지.

아하, 물건의 가치를 돈으로 측정해서 정해진 가격대로 돈을 내고 물건과 교환하는 거구나.

그럼 그 가치는 누가 정하는데?

좋은 질문이야. 가격은 수요와 공급을 통해 결정돼.

수요와 공급?

수요는 재화나 용역을 일정한 가격으로 사려는 것을 말해.

공급은 반대로 일정한 가격에 팔기 위해 재화나 용역을 시장에 제공하는 거지.

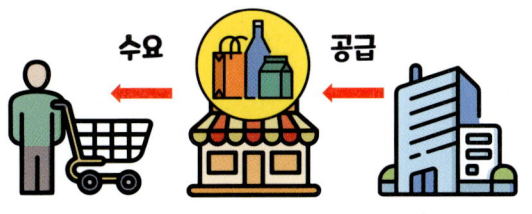

1장_경제의 기초가 뭔지 알려줄게.

경제의 기초가 뭔지 알려줄게.

하나의 재화나 용역이 아니라 여러 재화나 용역의 전체적인 가격을 **물가**라고 해.

물가가 높아졌다는 것은 사람들이 소비하는 대부분의 재화나 용역의 가격이 높아졌다는 뜻이지.

물가가 그런 거라면 그냥 우리가 가진 포인트가 부족한 거네.

이 가격이 뭐가 적당해? 너무 비싸!

물가는 누가 정하는 거야? 더 싸게 팔란 말이야!

떼쓴다고 뭐가 달라져? 차라리 문제 맞히고 포인트 모으는 게 더 빠르지.

물가는 시간이 지나면서 달라져. 경제가 발전할수록 물건의 가격이 조금씩 오르거든.

한국에서 10여 년 전에 500원이던 아이스크림이 지금은 1000원으로 오르는 것처럼.

10년 전엔 아이스크림이 그렇게 쌌다고?

1장_경제의 기초가 뭔지 알려줄게.

경제의 기초가 뭔지 알려줄게.

"갑자기 물가가 오르는 경우도 있어. 예를 들어 몇 달 전에 한 마리 만 원대던 치킨 가격이 갑자기 2만 원을 훌쩍 넘어가는 경우 말야."

"이런 상황을 **인플레이션**이라고 해."

"갑자기 가격이 오르면 당황스럽지."

"그럼 인플레이션은 왜 생기는 거야?"

"가장 큰 이유는 물건을 구매하려는 사람이 많아져서야."

"수요가 공급보다 많아져서 가격이 오르는 경우구나!"

"그리고 물건을 만드는 생산 비용이 늘어나거나 원자재 비용, 또는 인건비가 오를 경우에도 인플레이션이 발생해."

원자재 비용 상승

생산 비용 상승

인건비 상승

"반대로 물가가 지속적으로 내려가는 경우는 '디플레이션'이라고 하지."

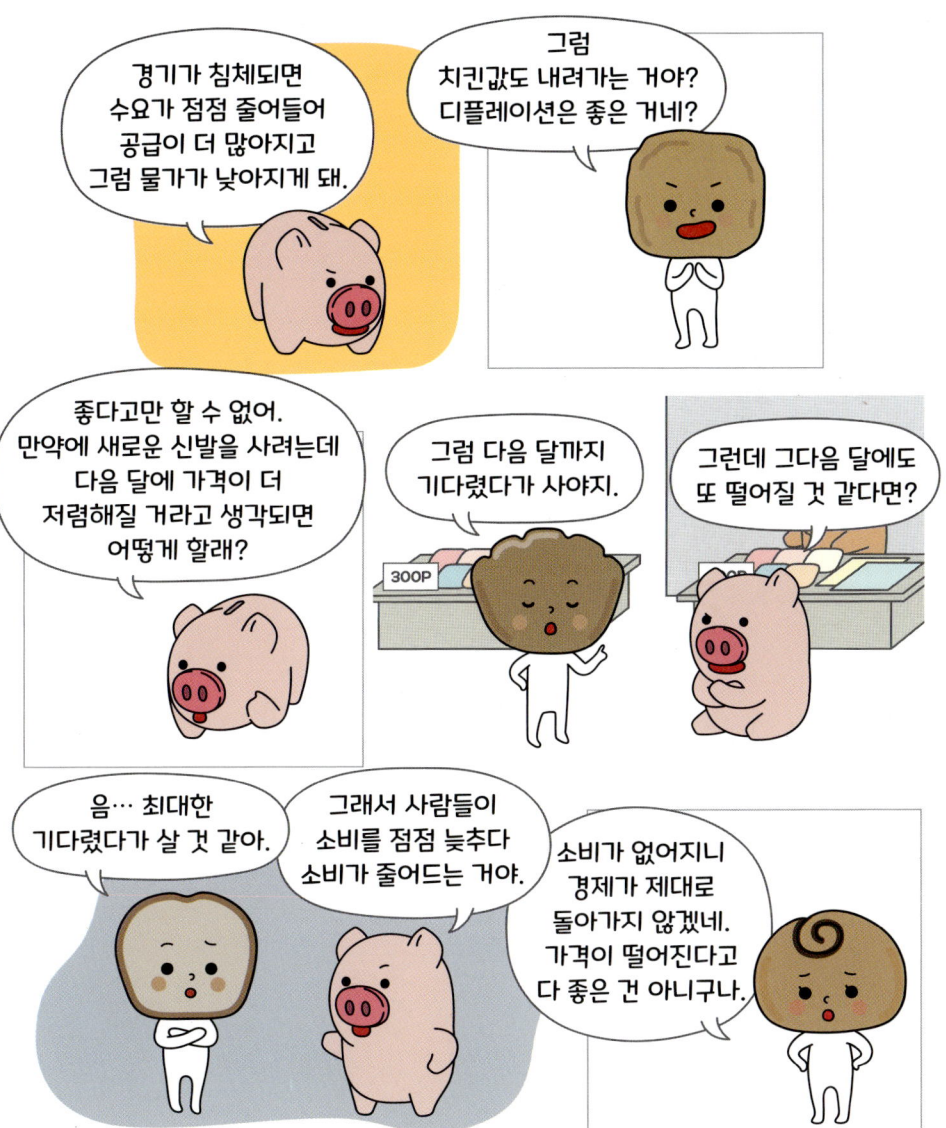

경제의 기초가 뭔지 알려줄게.

경제의 기초가 뭔지 알려줄게.

문제 009

재화나 용역이 지니고 있는
가치를 돈으로 나타낸 것은?

ㄱ ㄱ

정답

문제 010

재화나 용역을
일정한 가격으로 사려는 것은?

ㅅ ㅇ

정답

문제 011

일정한 가격에 팔기 위해
재화나 용역을
시장에 제공하는 것은?

ㄱ ㄱ

정답

문제 012

기업이 제공하는 다양한
재화와 서비스를
가계에서 소비할 수 있는
장소를 뜻하는 말은?

ㅅ ㅈ

정답

경제의 기초가 뭔지 알려줄게.

문제 013

여러 재화나 용역의 전체적인 가격을 뜻하는 말은?

ㅁㄱ

정답:

문제 014

물가가 지속적으로 오르는 현상은?

ㅇㅍㄹㅇㅅ

정답:

문제 015

경기가 침체되는 상황에도 불구하고 물가가 상승하는 상태는?

ㅅㅌㄱㅍㄹㅇㅅ

정답:

문제 016

화폐로 구입할 수 있는 재화와 서비스의 양을 뜻하는 말은?

ㅎㅍ ㄱㅊ

정답:

2장

금융기관이 뭔데?

금융기관이 뭔데?

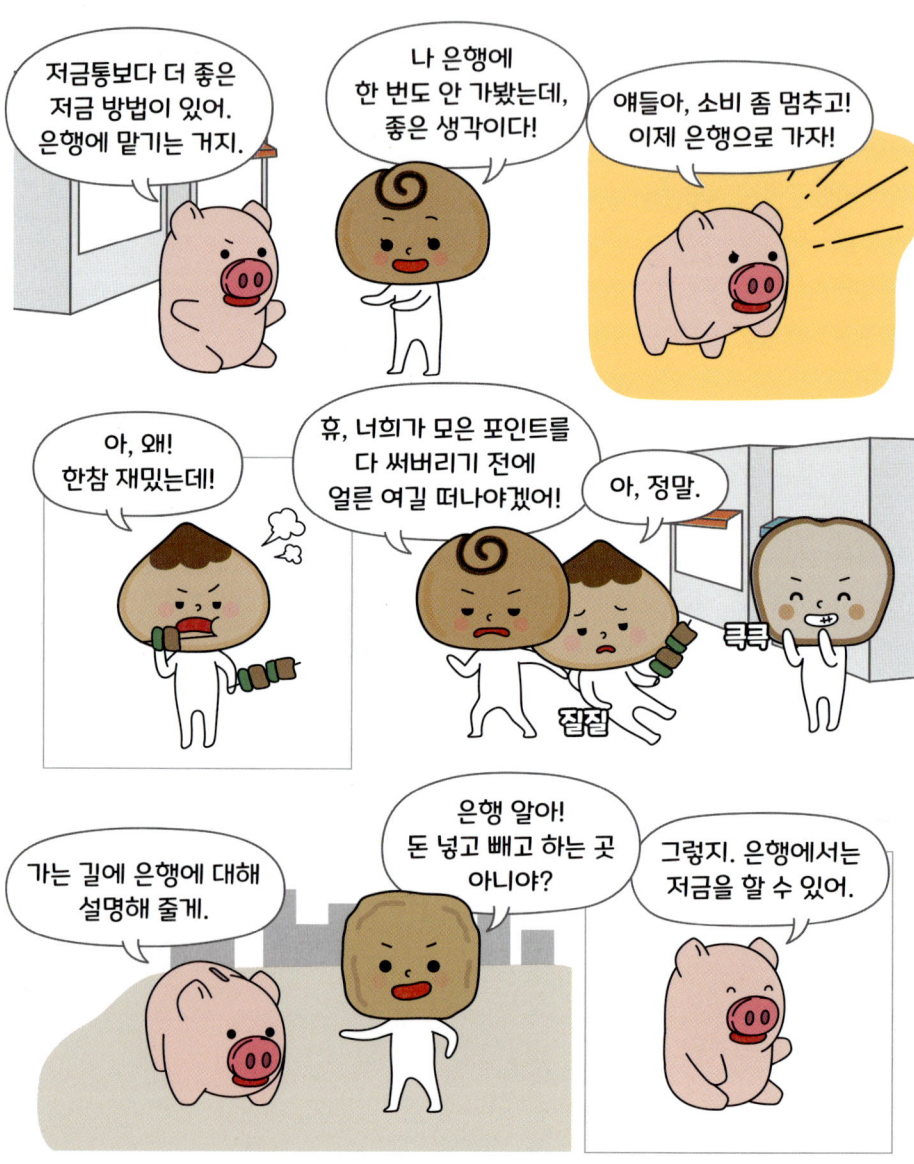

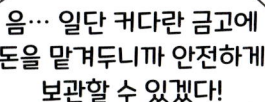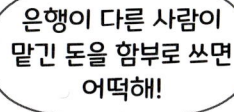

금융기관이 뭔데?

그 사람들은 오히려 은행에 대출에 대한 이자를 내는데 만약 100만 원을 예금하고 5만 원의 이자를 받는다면 100만 원을 빌리는 사람에게는 8만 원의 이자를 받아.

예금 이자 ₩50,000

대출 이자 ₩80,000

예대마진 ₩30,000

이때 생기는 3만 원의 차액을 '예대마진'이라고 하는 거야.

중앙은행…?

중앙은행은 한 나라의 돈과 관련된 모든 정책을 책임지는 은행이야.

그래서 은행들의 은행이라고도 해. 한국에선 한국은행이 중앙은행이지.

그럼 중앙은행은 우리가 아는 은행이랑 달라?

중앙은행이 하는 일은 먼저 나라의 화폐를 발행하지.

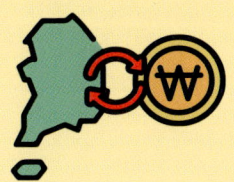

그리고 우리나라 안에 사용되고 있는 돈의 양, 즉 통화량을 조절해.

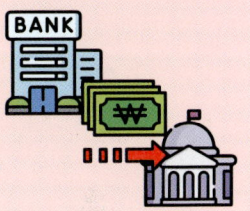

마지막으로 은행이나 정부의 돈을 맡아주거나 돈을 빌려주기도 하자.

와, 진짜 은행의 은행이네?

다 이해했는데 통화량은 뭐야?

통화량이란 '시중에 유통되는 화폐의 양'을 말해. 통화량이 많아지면 인플레이션이 올 수 있어서 관리가 필요하지.

2장_금융기관이 뭔데? **47**

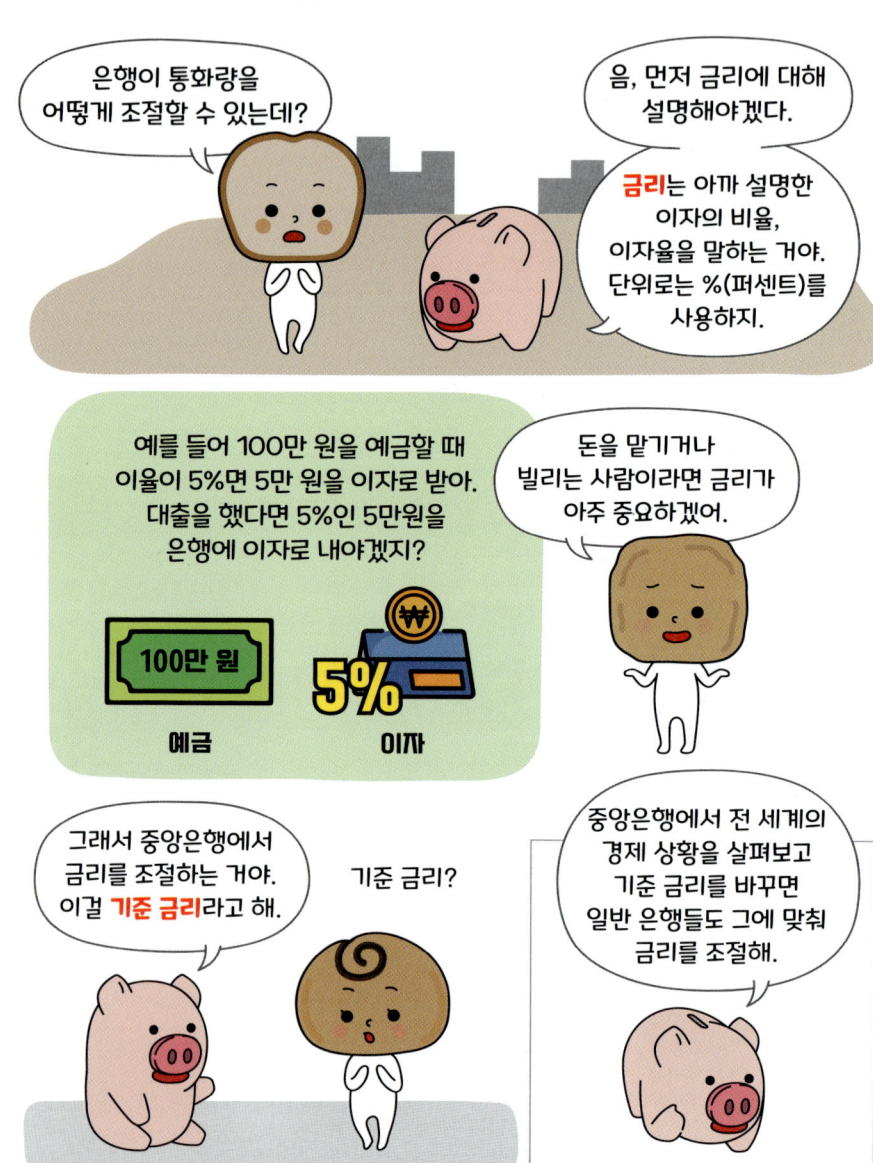

금융기관이 뭔데?

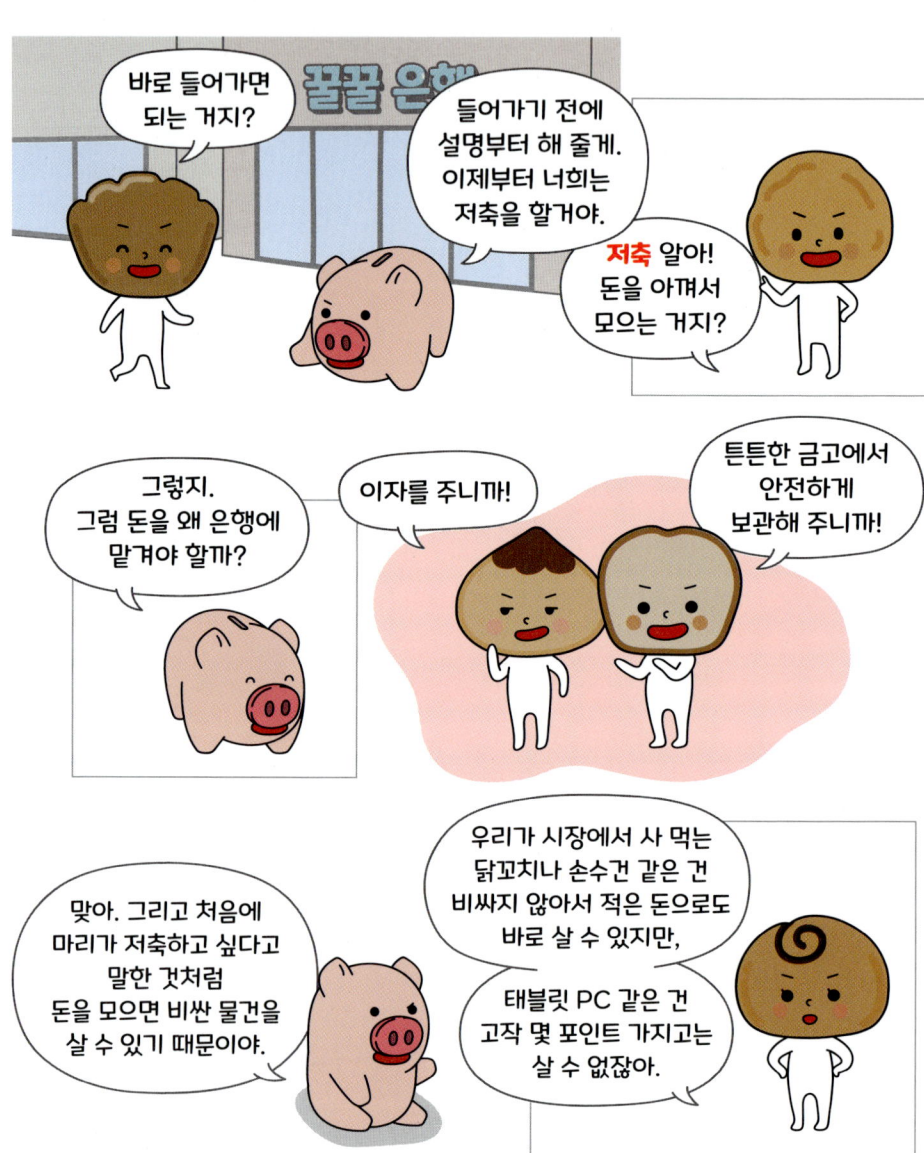

금융기관이 뭔데?

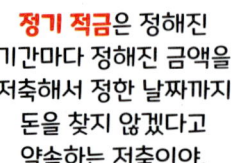

정기 적금은 정해진 기간마다 정해진 금액을 저축해서 정한 날짜까지 돈을 찾지 않겠다고 약속하는 저축이야.

 예를 들어 1년 동안 매달 1일에 5만 원씩 저축하겠다는 적금인 거지.

 오호, 적은 돈을 조금씩 모아 큰돈을 만들기 딱 좋겠어.

다음은 '정기 예금'이야. 이건 처음 저축할 때 많은 돈을 한 번에 맡기고 정해진 날짜까지 찾지 않겠다고 약속하는 저축이지.

아! 그럼 정기 적금으로 돈을 모아서 정기 예금에 넣어두는 게 제일 좋겠다!

 벌써 돈 모을 생각에 신난다!

이제 저축할 포인트만 많이 있으면 되겠는데?

대식아, 얼른 문제 내 줘!

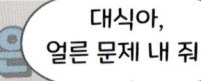

 좋아! 꿀꿀 포인트 모아서 저축하러 가자!

문제 017

돈과 경제에 관련된 일을 하는 기관으로 돈을 맡길 수 있는 곳은?

ㅇ ㅎ

정답

문제 018

은행이 돈을 버는 방식으로 예금과 대출 사이에 생기는 이윤을 뜻하는 말은?

ㅇ ㄷ ㅁ ㅈ

정답

문제 019

한 나라의 돈과 관련된 모든 정책을 책임지는 은행으로 '은행들의 은행'이라고도 불리는 은행은?

ㅈ ㅇ ㅇ ㅎ

정답

문제 020

'나라 안에 돌아다니는 돈의 양'을 뜻하는 말은?

ㅌ ㅎ ㄹ

정답

금융기관이 뭔데?

문제 021

빌려준 돈이나
예금한 돈에 붙는 이자나
이자율을 뜻하는 말은?

ㄱ ㄹ

정답

문제 022

중앙은행에서 정한
한 국가의 기준이 되는
금리를 뜻하는 말은?

ㄱ ㅈ ㄱ ㄹ

정답

문제 023

절약하여
모아두는 것은?

ㅈ ㅊ

정답

문제 024

정해진 기간마다
정해진 금액을 저축하고
정해진 날짜까지
이 돈을 찾지 않기로 약속하는
저축은?

ㅈ ㄱ ㅈ ㄱ

정답

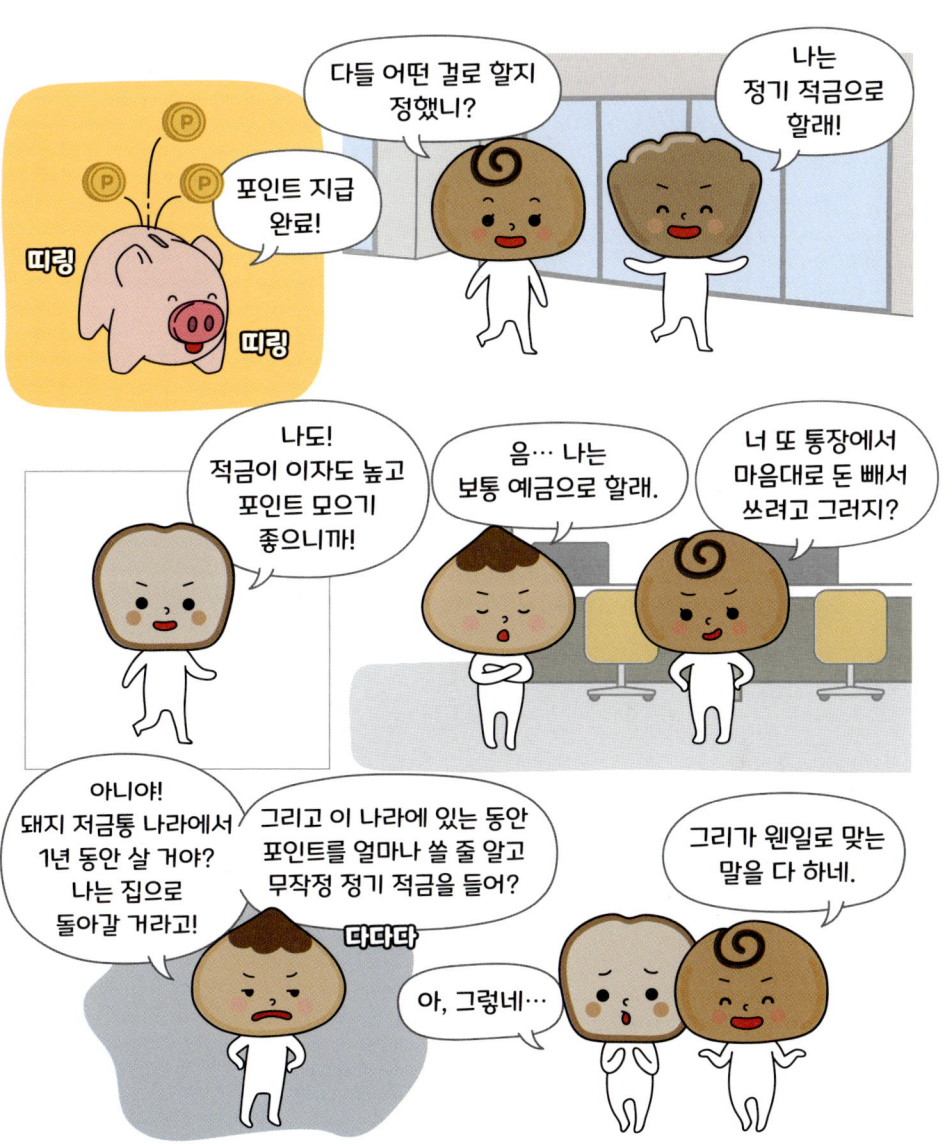

금융기관이 뭔데?

"단리는 원금에만 이자를 붙여줘."

"예를 들어 100만 원을 10% 단리로 저축하면 1년 뒤에 10만원의 이자를 받고 1년이 지나면 또 10만 원을 받는 거야."

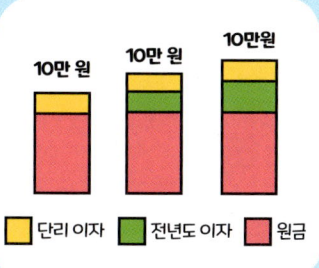

"단리는 매년 똑같이 원금에 대한 이자만 받는 거네?"

"그럼 복리는?"

"복리는 내가 받은 이자에도 이자를 계산해 주는 거야."

"100원을 10% 복리로 저축하면 처음 1년엔 똑같이 10만 원의 이자를 받겠지만 다음 해에는 내가 받은 이자를 포함한 110만 원에 대한 10%의 이자, 즉 11만 원을 받는 거지."

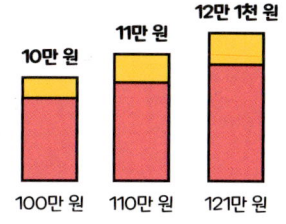

"그럼 이자에도 이자를 붙여주는 복리가 더 유리하겠다!"

금융기관이 뭔데?

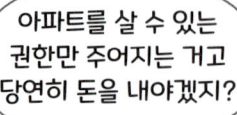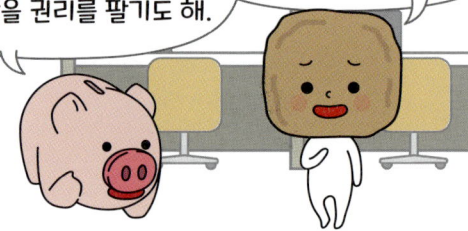

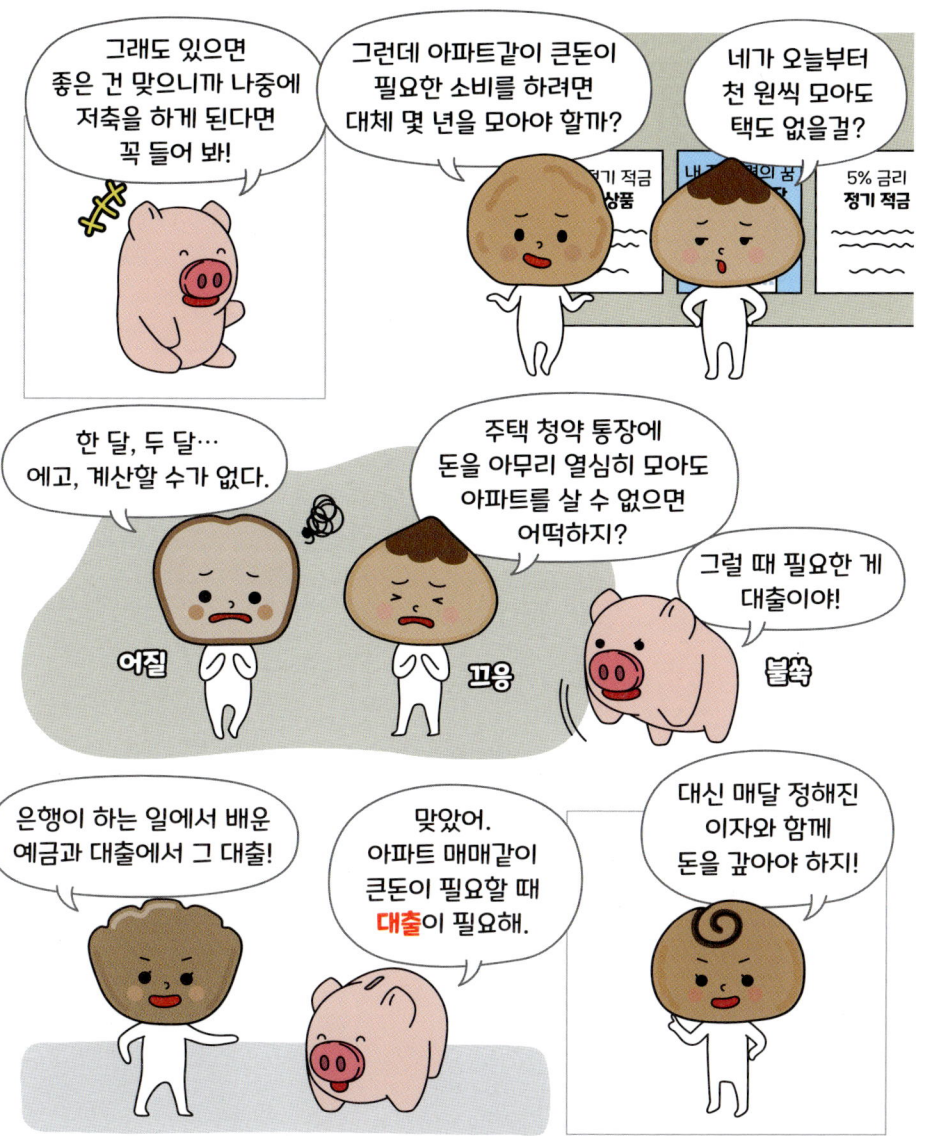

금융기관이 뭔데?

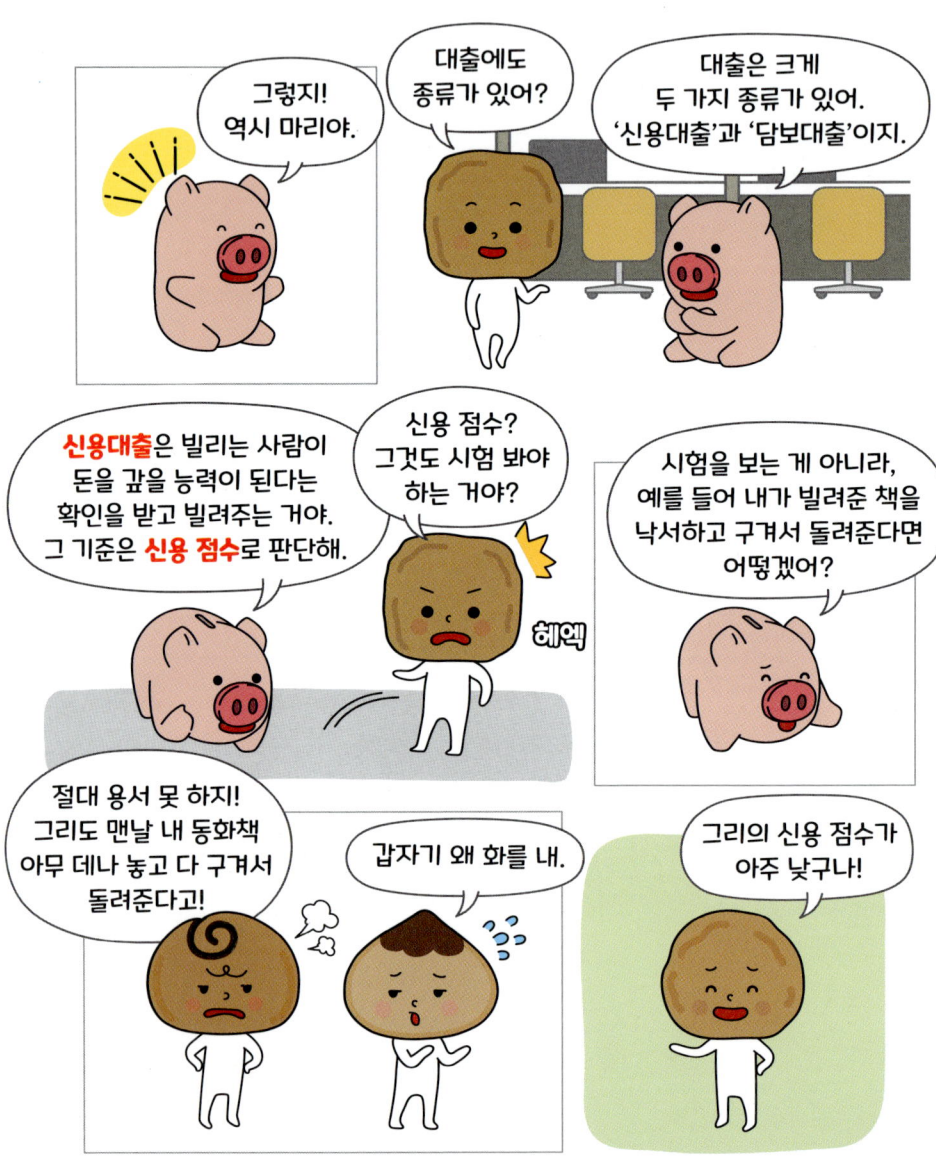

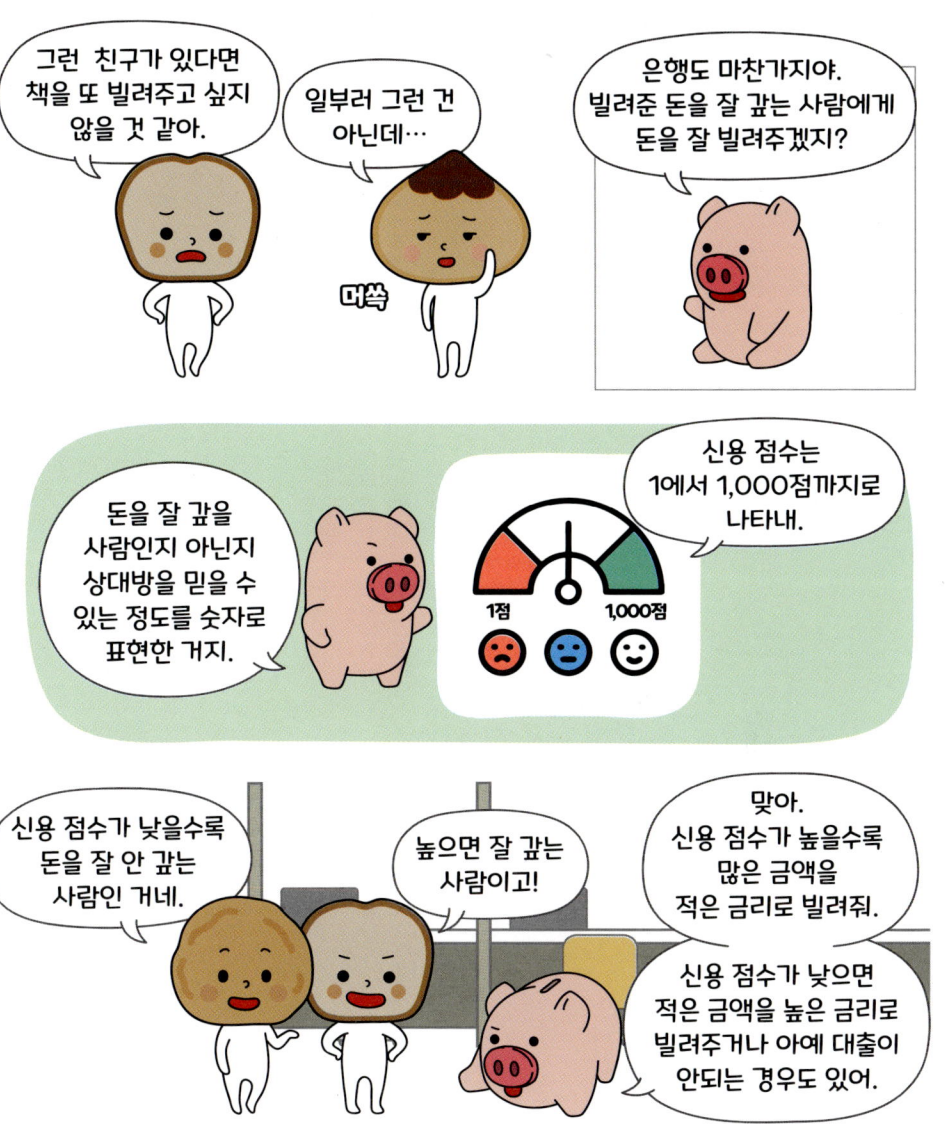

금융기관이 뭔데?

금융기관이 뭔데?

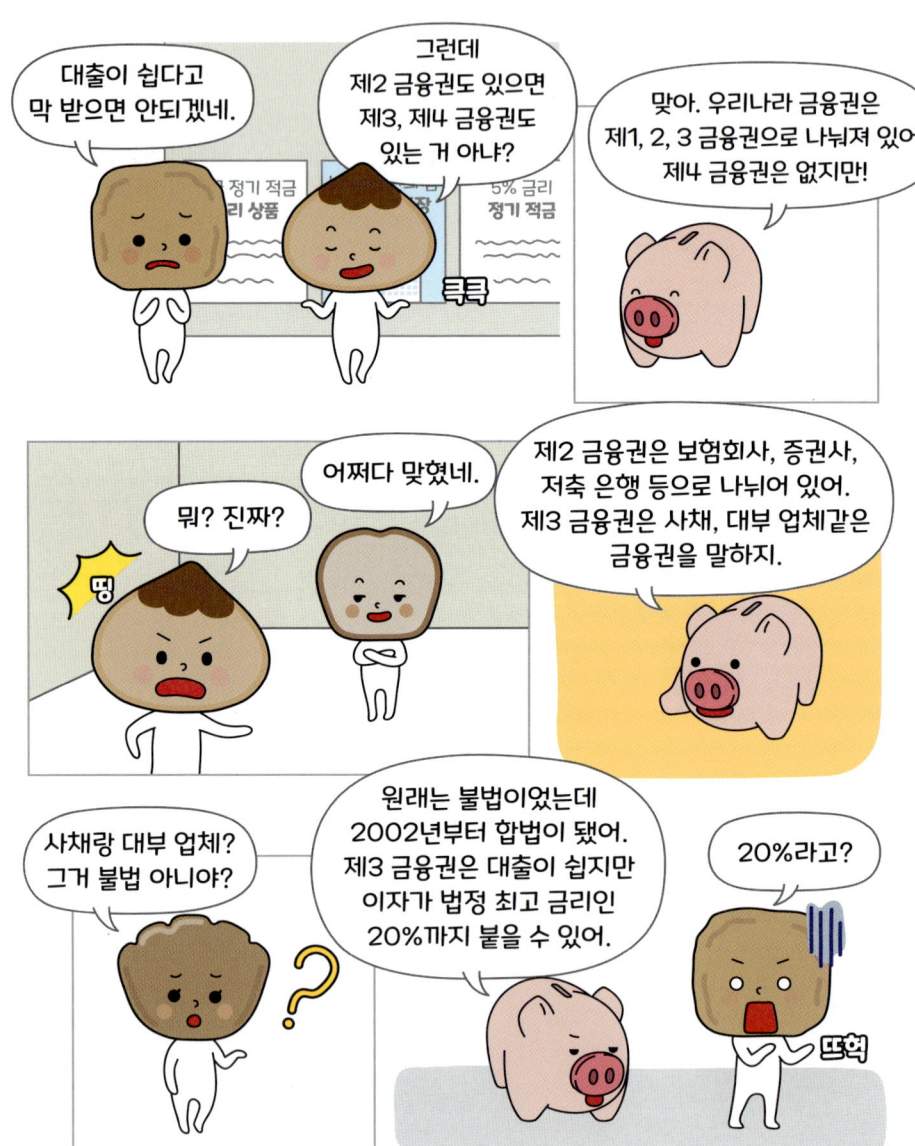

금융기관이 뭔데?

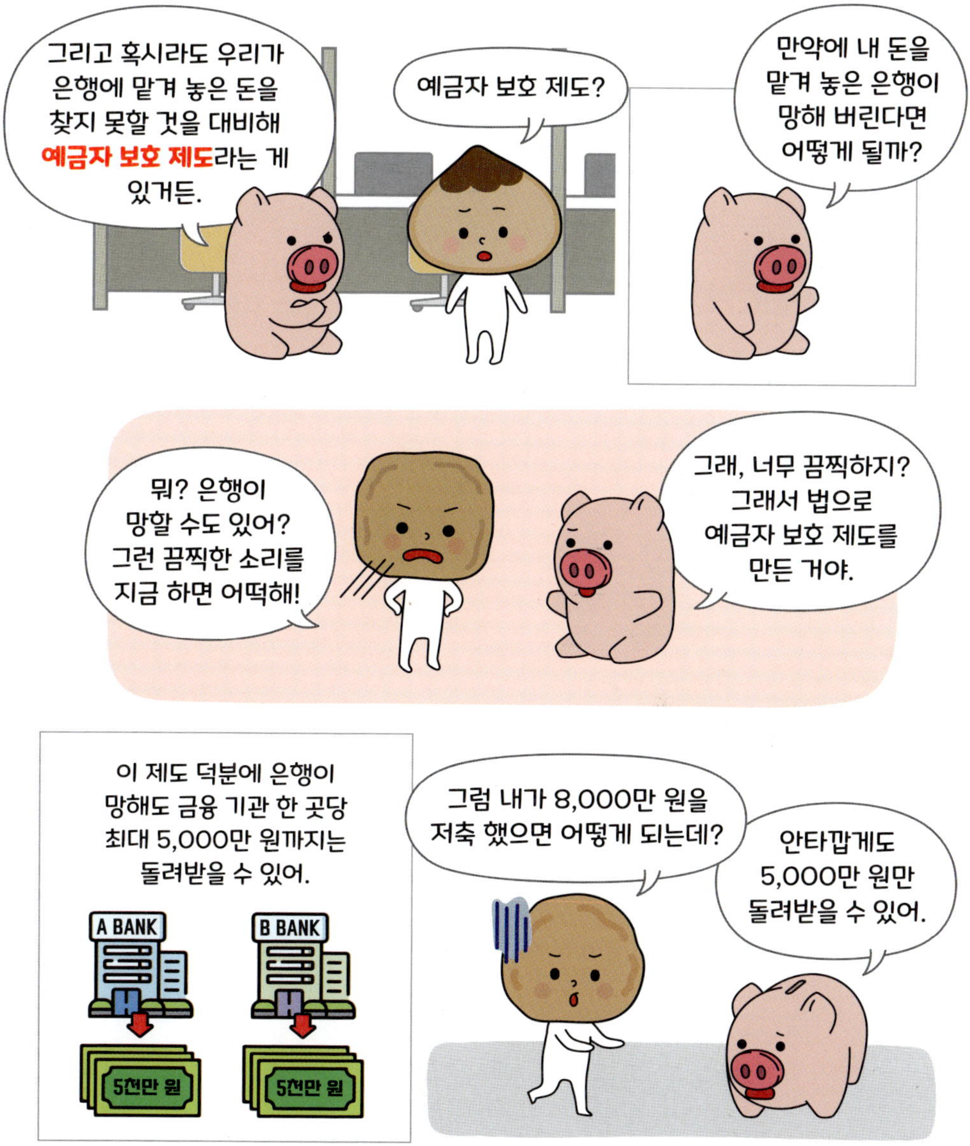

금융기관이 뭔데?

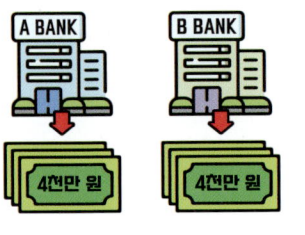

하지만 A 은행에 4,000만 원, B 은행에 4,000만 원을 저축했다고 하면 총 8,000만 원을 모두 돌려받을 수 있어.

아, 한 은행당 최대 5,000만 원이니까?

그렇지!

난 한 은행에 오천만 원 이상 저금 안 할 거야!

난 은행이 망할것 같으면 당장 돈 찾으러 갈거야. 못 돌려 받으면 어떡해!

나도, 나도!

금융기관이 뭔데?

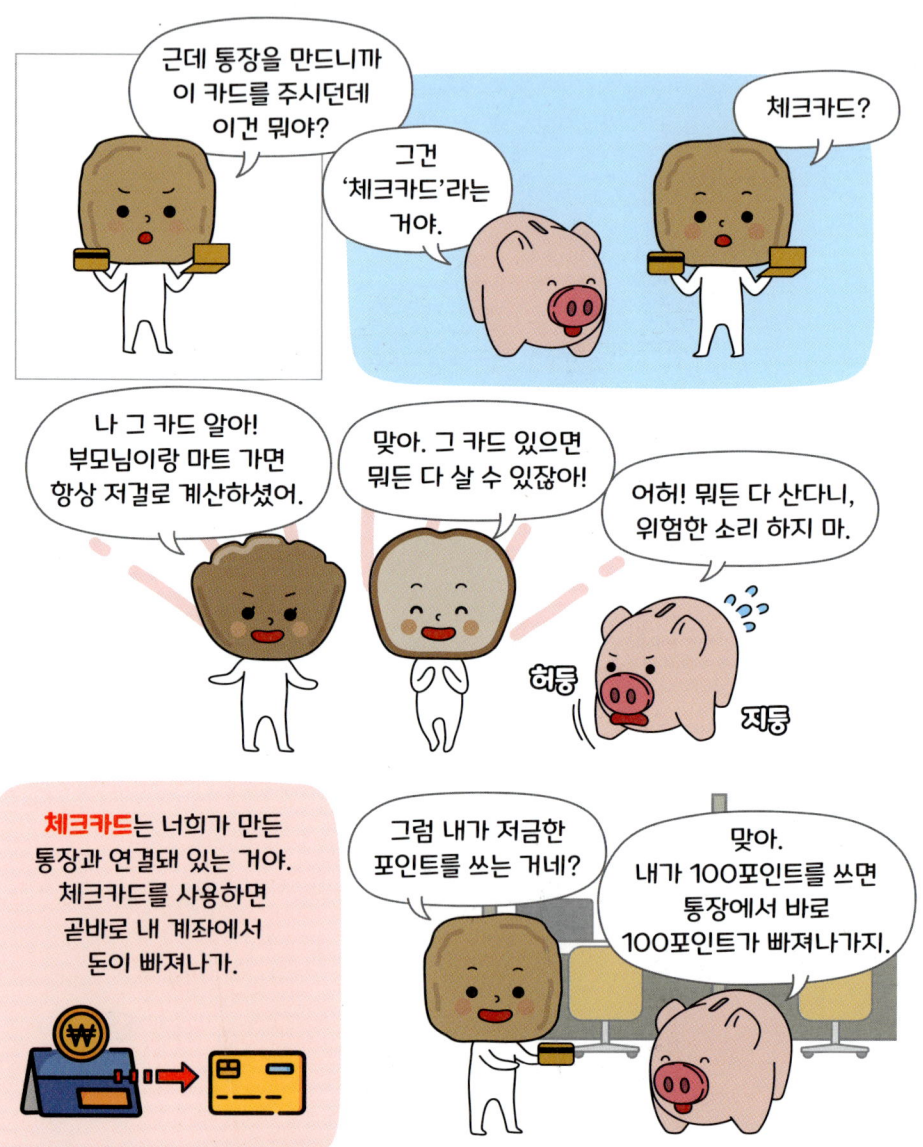

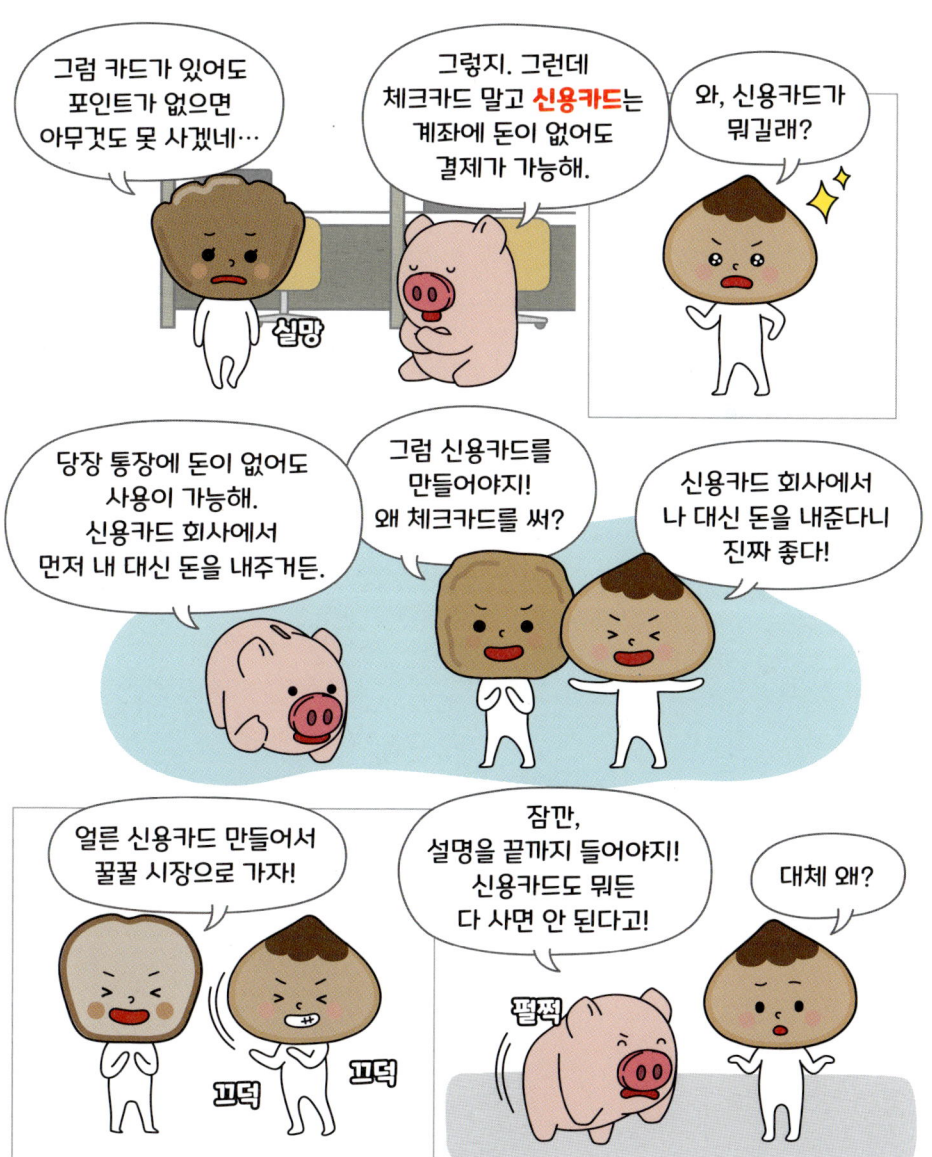

금융기관이 뭔데?

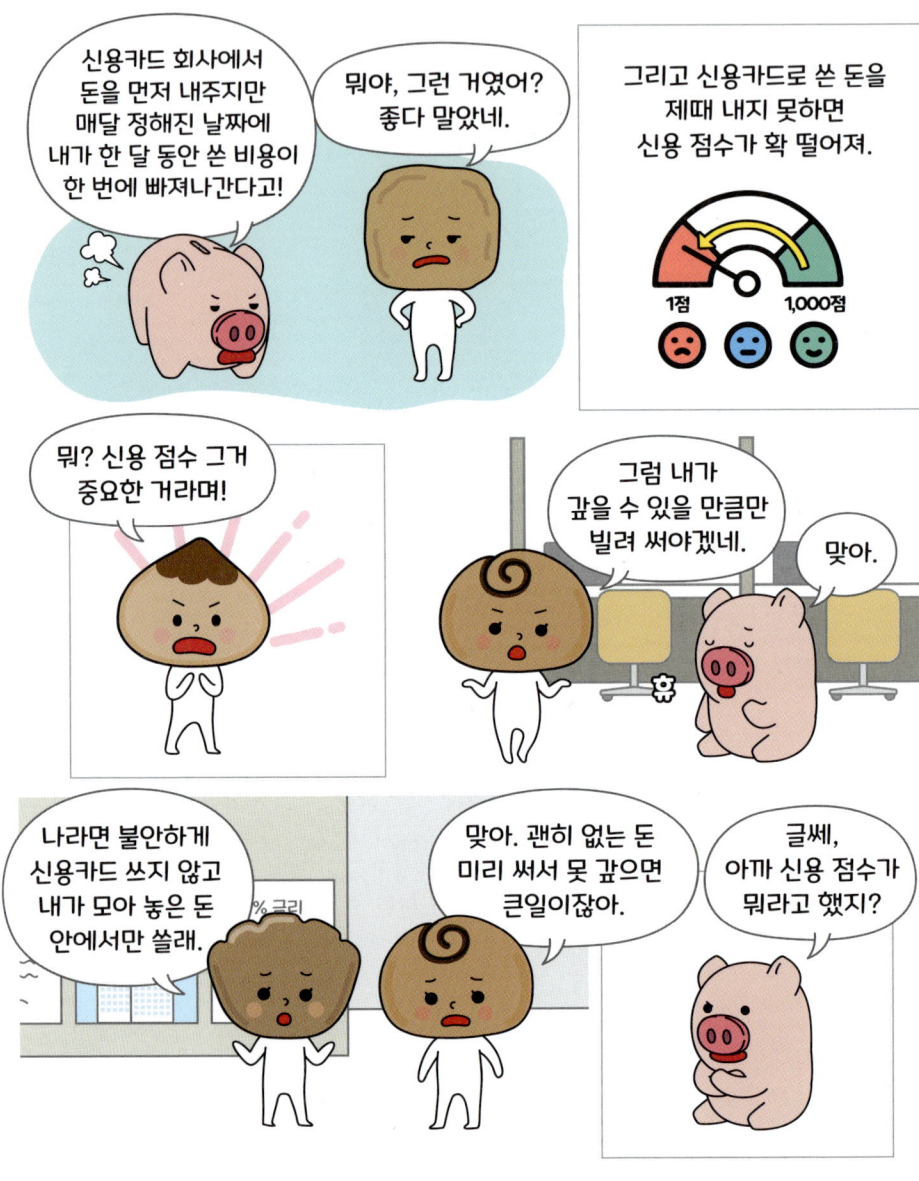

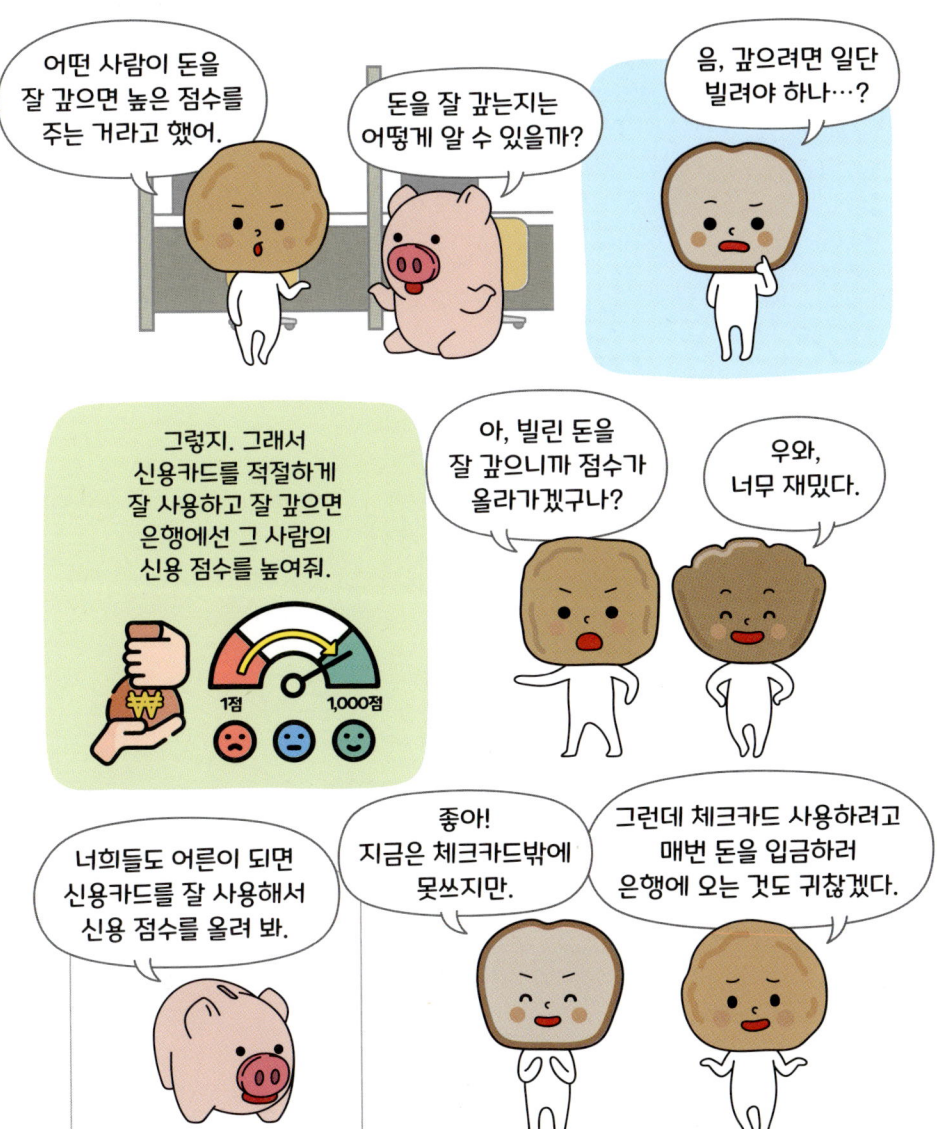

금융기관이 뭔데?

우리 엄마는 집에서 스마트폰으로 다른 사람한테 돈 보내고 하시던데

우리도 그런 거 하면 안 돼?

당연히 되지. 예전엔 은행에 가지 않으면 돈을 보내는 일도 어려웠는데 요즘에는 핀테크가 발달해서 은행에서 하는 많은 일을 스마트폰으로 간편하게 할 수 있어.

핀테크가 뭔데?

핀테크(Fin Tech)는 Finance(금융)와 Technology(기술)을 합친 말이야.

핀테크가 발전하면서 금융 서비스가 스마트폰 안으로 들어가게 됐어.

그럼 은행의 모든 업무를 스마트폰으로 할 수 있다는 말이야?

그럼. 예금이나 송금뿐 아니라 대출과 결제까지도 모두 가능해졌지.

은행 업무를 스마트폰으로 쉽게 할 수 있는 게 다 핀테크 덕분이구나!

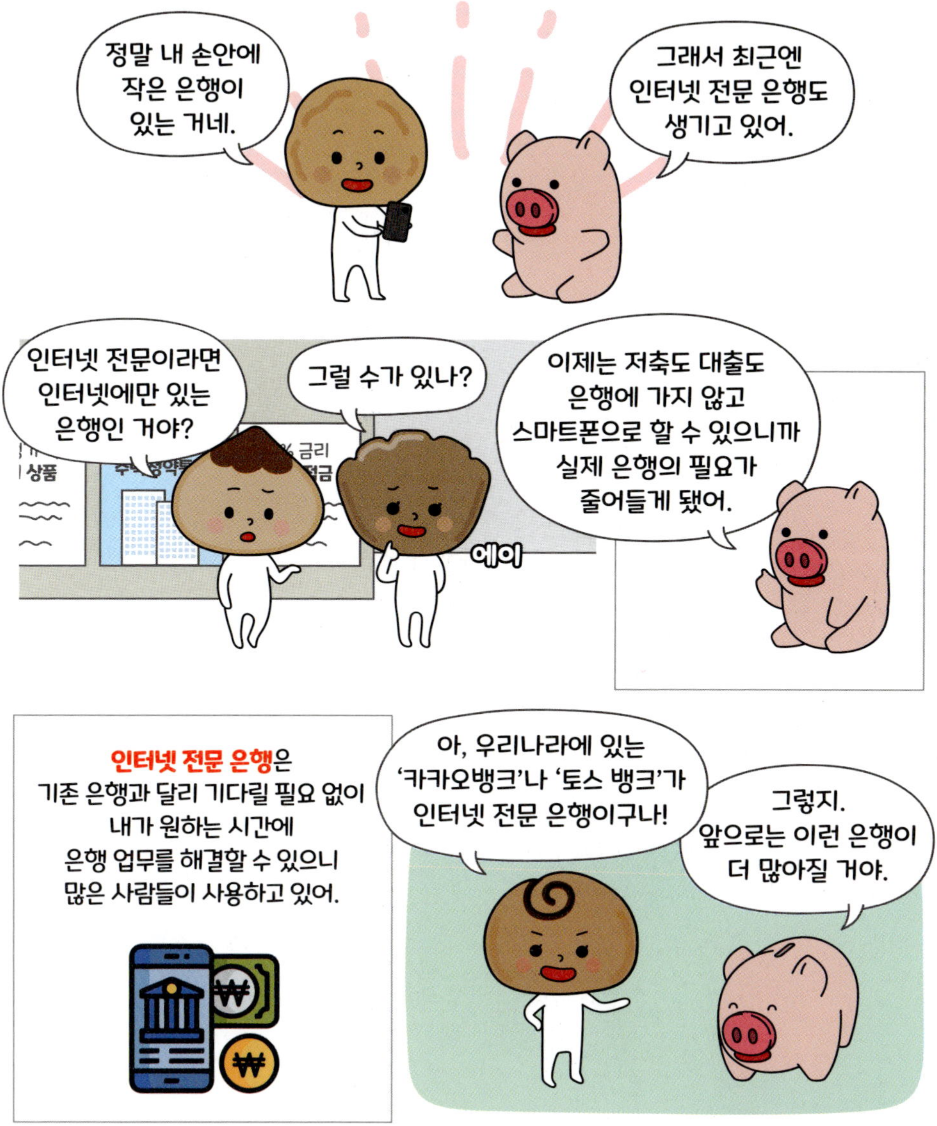

금융기관이 뭔데?

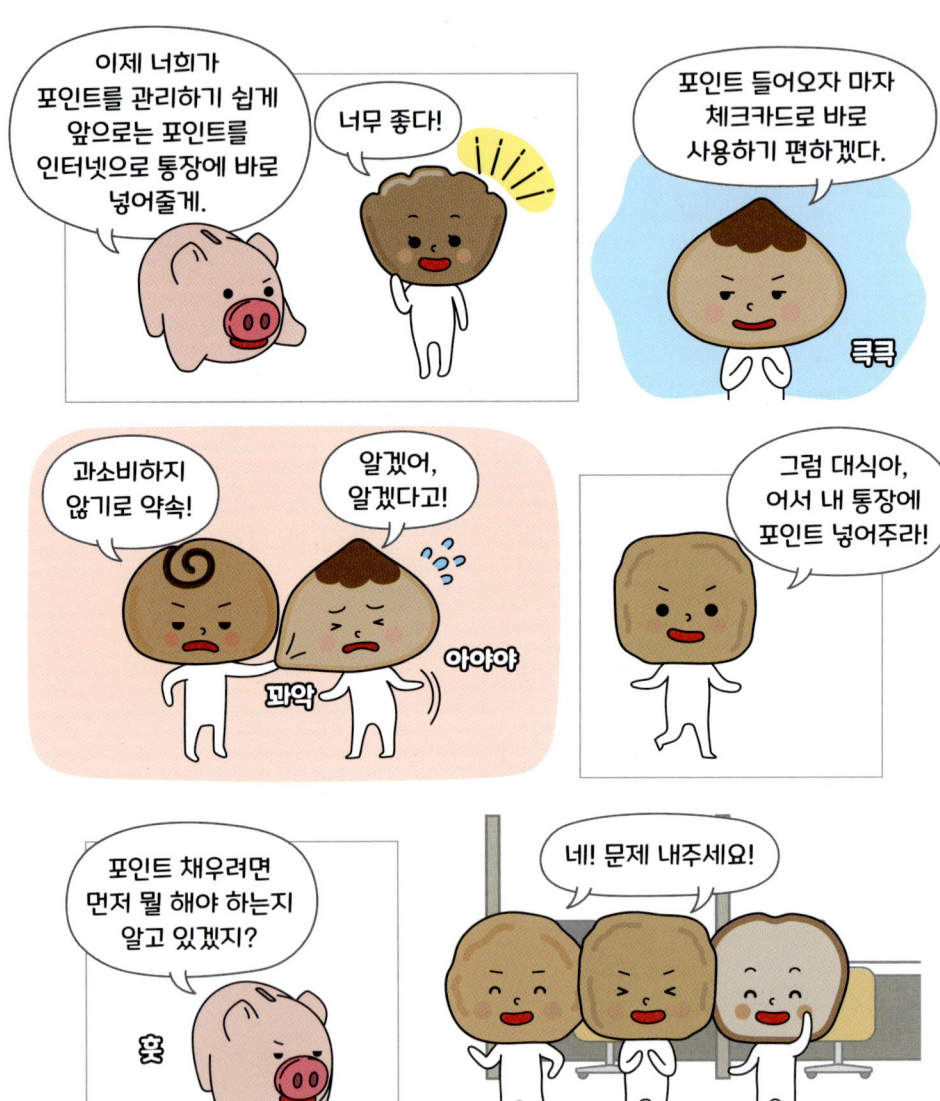

문제 025

이자를 계산하는 방법 중 원금과 이자 모두에 이자를 붙이는 방식은?

ㅂ ㄹ

정답:

문제 026

아파트의 주인이 될 수 있는 자격을 주고 추첨할 때 필요한 통장은?

ㅈ ㅌ ㅊ ㅇ ㅌ ㅈ

정답:

문제 027

은행에서 돈을 빌리고 그 대가로 은행에 이자를 내는 것은?

ㄷ ㅊ

정답:

문제 028

한 사람의 경제 활동이 얼마나 믿을 수 있는지 1점부터 1,000점까지의 점수로 나타낸 것은?

ㅅ ㅇ ㅈ ㅅ

정답:

금융기관이 뭔데?

문제 029

한 사람이 가지고 있는 신용 점수를 바탕으로 돈을 빌려주는 대출은?

ㅅㅇㄷㅊ

정답:

문제 030

은행에서 담보를 정해 두고 돈을 빌려주는 대출은?

ㄷㅂㄷㅊ

정답:

문제 031

돈을 맡긴 사람이 돈을 찾을 때를 대비해 은행이 준비해 놓아야 하는 돈의 비율을 뜻하는 말은?

ㅈㄱㅈㅂㅇ

정답:

문제 032

금융기관으로부터 예금을 돌려받지 못한 예금자를 보호하는 법으로 한 금융 기관당 최대 5,000만 원까지 돌려받을 수 있게 하는 제도는?

ㅇㄱㅈㅂㅎㅈㄷ

정답:

문제 033

많은 예금자들이
은행이 망할 거란 생각에
한꺼번에 돈을 찾아가
당장 돌려줄 돈이 없게 되는
현상을 뜻하는 말은?

ㅂㅋ ㄹ

정답

문제 034

결제할 때마다
내 계좌의 돈이
바로 빠져나가는 카드는?

ㅊㅋㅋㄷ

정답

문제 035

계산하면 신용 카드 회사에서
먼저 카드의 주인 대신 돈을 내주고
매달 정해진 날짜에
한 달 동안 쓴 만큼의 돈이
한 번에 빠져나가는 카드는?

ㅅㅇㅋㄷ

정답

문제 036

스마트폰으로 모든 은행 업무를
할 수 있게 되자 생겨난 은행으로
실물 은행 없이 오직
인터넷에만 존재하는
새로운 방식의 은행은?

ㅇㅌㄴ ㅈㅁ ㅇㅎ

정답

3장

돈 관리는 이렇게 해야지.

돈 관리는 이렇게 해야지.

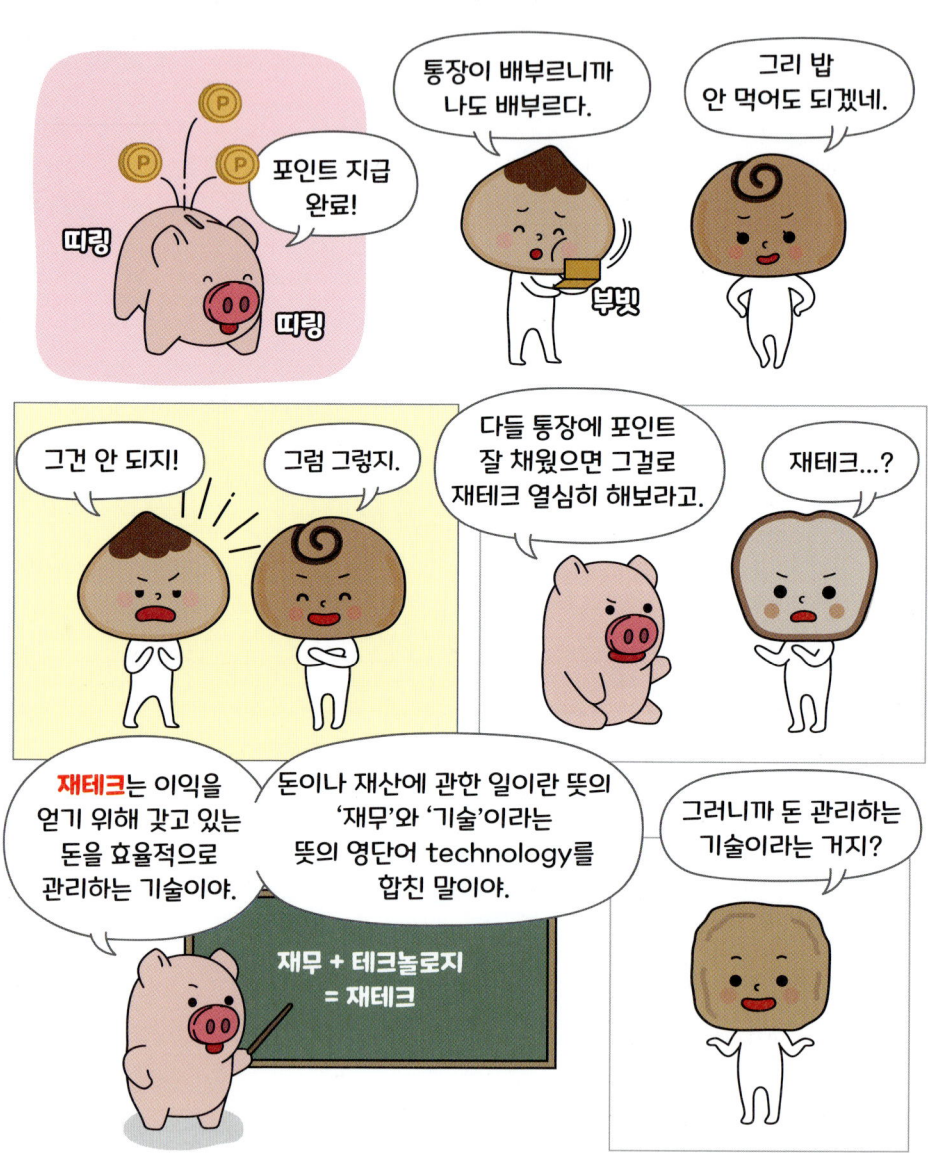

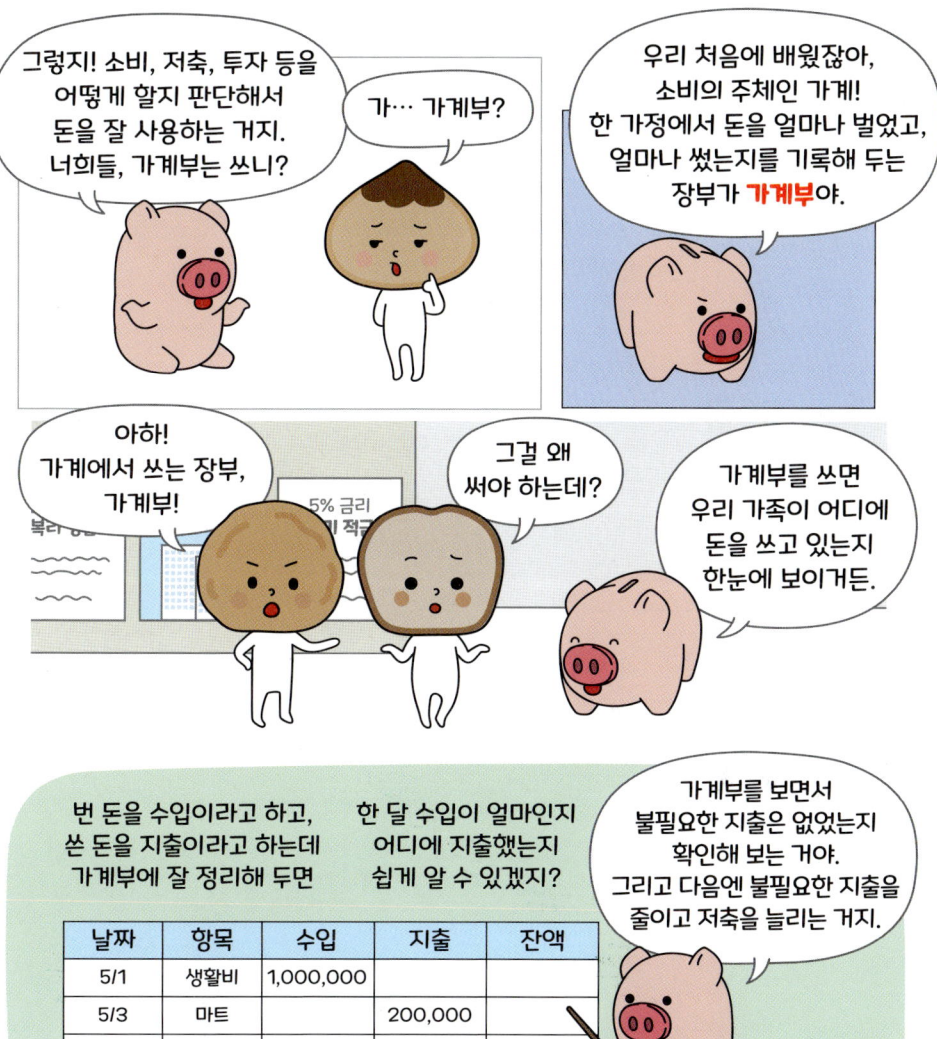

돈 관리는 이렇게 해야지.

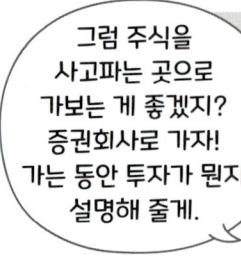

돈 관리는 이렇게 해야지.

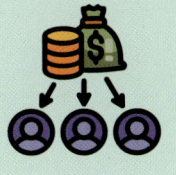

돈 관리는 이렇게 해야지.

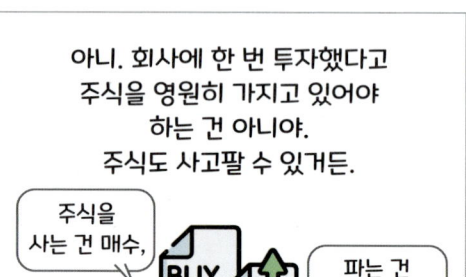

아니. 회사에 한 번 투자했다고 주식을 영원히 가지고 있어야 하는 건 아니야.
주식도 사고팔 수 있거든.

주식을 사는 건 매수,

파는 건 매도라고 해.

주식은 얼마 정도 하는데?

주식의 가격은 사는 사람과 파는 사람이 결정해.

만약 내가 꿀꿀 주식회사의 주식을 5만 원에 팔려고 했지만 모두 4만 원에 사려고 한다면 나도 4만 원에 팔아야 팔리겠지?
그럼 주식의 가격은 4만 원이 되는 거야.

5만 원에 팔게.

4만 원 아니면 안 사.

= 꿀꿀 주식회사 1주 4만 원

정해진 금액이 아니라 사고파는 사람에게 달렸구나.

한 회사가 앞으로 장사가 잘될 것 같다 싶으면 그 회사의 주식을 사려는 사람이 많아지겠지?

주식을 사고 싶어요!

돈 관리는 이렇게 해야지.

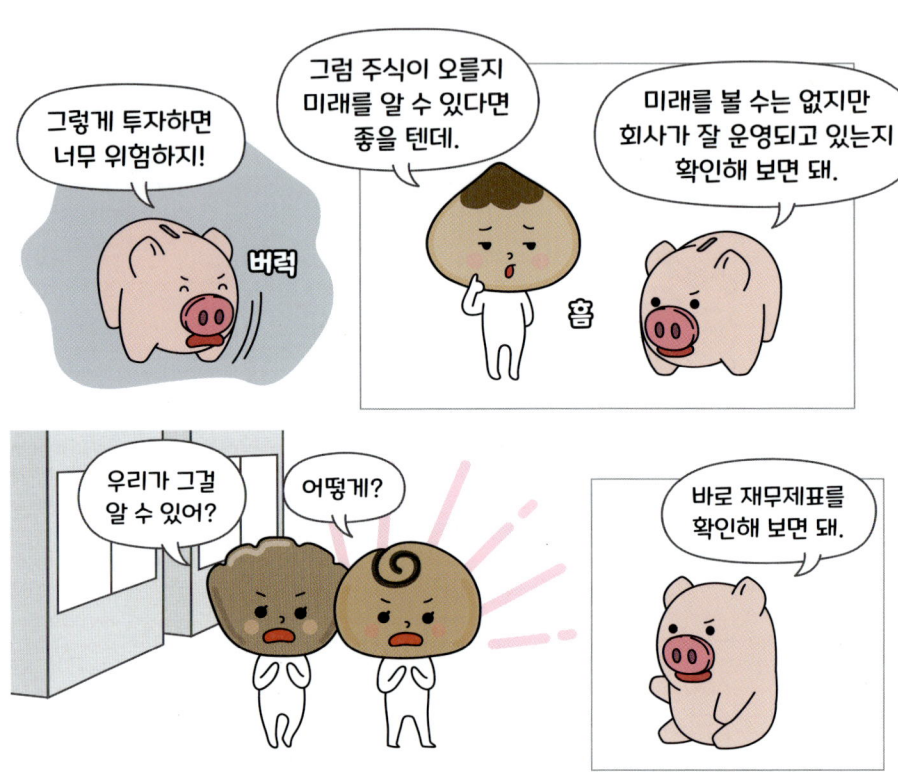

재무제표는 회사에서 쓰는 가계부야. 이걸로 회사의 자산과 빚이 얼마인지 알 수 있지. 또 매출은 얼마나 올렸는지, 돈은 얼마나 썼는지도 쓰여 있어.

자산		부채		자산	
현금	5,000,000	선수금	4,000,000	자본금	4,000,000
금융자산	5,000,000	채무	2,000,000	잉여금	6,000,000
채권	5,000,000	차입금	3,000,000		
총 자산	15,000,000	총 부채	9,000,000	총 자산	10,000,000

돈 관리는 이렇게 해야지.

 우량주? 유망주?

 **우량주**는 보통 안정적인 주식을 말해.

 한 나라의 대표적인 기업이나 시가총액이 세계 상위권 순위를 가진 주식을 안정적이라 할 수 있지.

시가총액이 뭔데?

회사에서 발행한 주식의 수에 주식의 가격을 곱한 것을 시가총액이라고 하는데, 이 시가총액이 큰 기업은 우량주라고 할 수 있어.

발행 주식 수 × 주식 가격

하지만 안정적인 만큼 수익률이 높지는 않지.

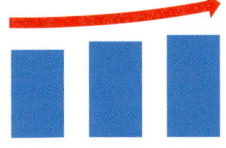

2021　2022　2022

 우량주는 항상 가격이 높아서 가격이 더 올라도 큰 수익은 없네.

또 아무리 우량주라도 회사의 경영 능력이나 주식 시장의 상황이 나빠지면 주가가 내려갈 수도 있어.

돈 관리는 이렇게 해야지.

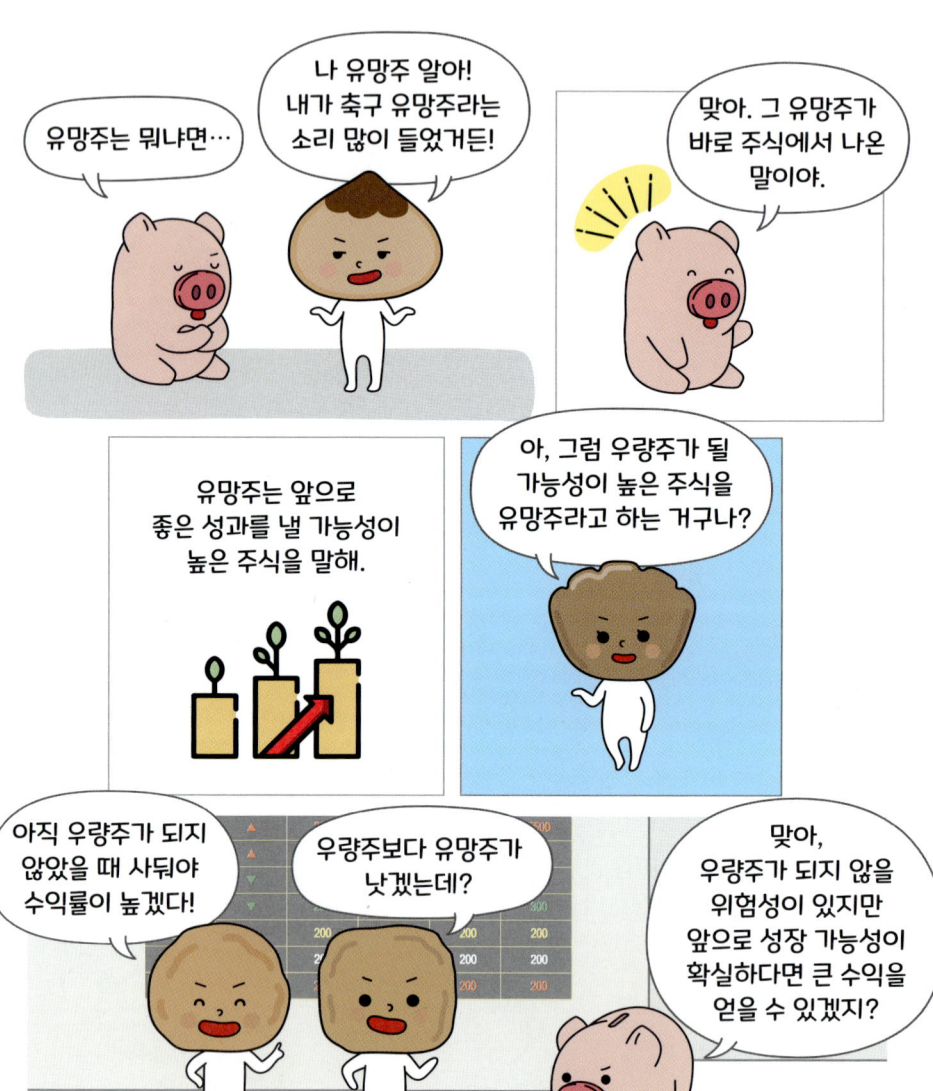

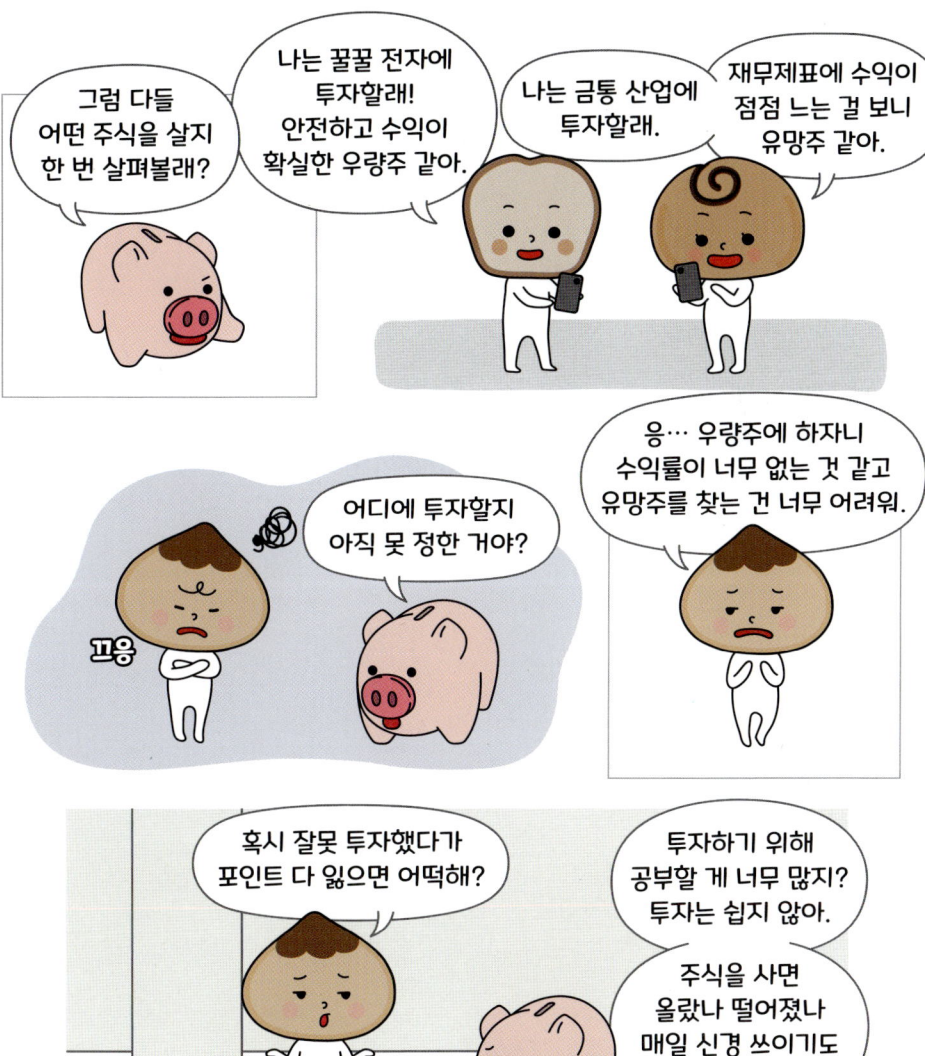

돈 관리는 이렇게 해야지.

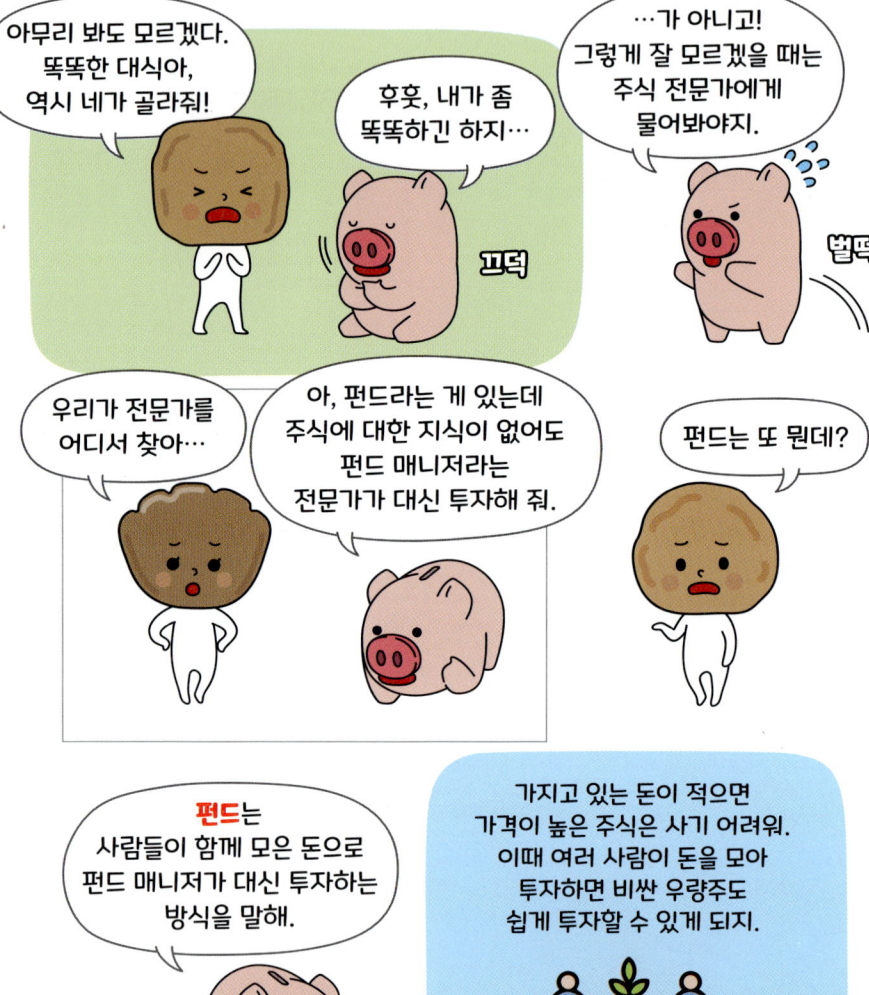

돈 관리는 이렇게 해야지.

당연히 있지! 바로 **채권**이야.

국가나 회사가 사업을 하기 위한 자금을 모으기 위해 채권을 발행해. 그럼 이 채권을 투자자가 구입하고 약속한 시간이 지나면 채권을 산 투자자에게 원금과 이자를 갚는 거야.

원금 + 이자

아, 그럼 채권은 돈을 빌려줬다는 증서구나.

그렇지. 채권은 주식에 비해 안정성은 높고 수익률은 떨어져.

나라에서 발급한 채권을 국채, 회사에서 발행한 채권은 사채(회사채)라고 하지.

국채   사채(회사채)

국채는 나라가 발행한 거니 안정성은 높고,

수익이 적지!

맞아. 반대로 사채는 이자는 높지만 회사가 망하면 돌려받을 수 없어.

돈 관리는 이렇게 해야지.

내가 열심히 모으는 편의점 포인트도 가상화폐야?

맞아.

다들 가상화폐를 사용해 본 경험이 있구나 우리가 그만큼 온라인으로 결제하고 사용하는 일이 많아졌다는 거야.

그래서 암호화폐는 뭐야? 이름부터 뭔가 남다른데?

지금부터 조금 어려운 얘기를 할 거야. 잘 따라올 수 있지?

그럼!

끄덕

암호화폐는 정부나 중앙은행이 발행하는 화폐와 달리 암호를 기반으로 하는 화폐야.

이 화폐는 실물은 존재하지 않고 오직 온라인에만 있는데 사람들이 이 화폐를 사고팔며 차익을 남기지.

돈 관리는 이렇게 해야지.

문제 037

이익을 얻기 위해 갖고 있는 돈을 효율적으로 관리하는 기술을 뜻하는 말은?

ㅈㅌㅋ

정답:

문제 038

한 가정에서 돈을 얼마나 벌었고, 얼마나 썼는지 기록하는 장부는?

ㄱㄱㅂ

정답:

문제 039

이익을 얻기 위해 어떤 일이나 사업에 돈을 대는 것은?

ㅌㅈ

정답:

문제 040

주식의 발행하여 여러 사람으로부터 자본을 받는 회사는?

ㅈㅅㅎㅅ

정답:

3장_돈 관리는 이렇게 해야지.

돈 관리는 이렇게 해야지.

문제 041

회사에 돈을 투자한 사람이 회사의 주인으로서 받는 증명서는?

ㅈ ㅅ

정답:

문제 042

회사가 벌어들인 수익의 일부를 기업의 소유주인 주주에게 분배하는 돈은?

ㅂ ㄷ ㄱ

정답:

문제 043

현 상태의 금액 기록이나 관리를 위해서 작성하는 표로 회사에서 쓰는 가계부는?

ㅈ ㅁ ㅈ ㅍ

정답:

문제 044

한 나라의 대표적인 기업이나 시가총액 순위가 높아 안정적인 투자가 가능한 주식은?

ㅇ ㄹ ㅈ

정답:

문제 045

사람들이 함께 모은 돈으로
투자하는 방법은?

ㅍ ㄷ

정답

문제 046

정부나 기업에서
자금을 모으기 위기해
발행하는 것으로
정해진 날짜에 원금과 이자를
돌려받는 증권은?

ㅊ ㄱ

정답

문제 047

중앙은행이 발행하는 화폐와 달리
암호를 기반으로 하는 화폐로
실물은 존재하지 않고
오직 온라인에만 있는 화폐는?

ㅇㅎㅎㅍ

정답

문제 048

암호화폐를
함부로 복제하거나
망가트릴 수 없도록 하는
기술의 이름은?

ㅂㄹㅊㅇ

정답

돈 관리는 이렇게 해야지.

돈 관리는 이렇게 해야지.

보험은 재해나 병, 각종 사고가 일어날 경우에 대비해 사람들이 미리 일정한 돈을 적립해 뒀다가 사고를 당한 사람에게 일정 금액을 주어 손해를 보상하는 제도야.

 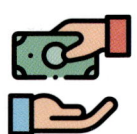

우와, 되게 좋네! 보험만 가입하면 아파도 병원비 걱정은 없겠다.

그럼 보험료 내고 한 번도 안 썼으면 나중에 돌려받을 수 있는 거야?

아니, 낸 보험료는 돌려받을 수 없어.

왜? 한 번도 안 썼는데 돌려줘야지!

보험은 돈을 벌기 위해 드는 게 아니라 위험한 상황을 위해 대비하는 것이기 때문이야.

손해라고 생각할 수도 있지만 보험금을 받을 때 내가 낸 보험료보다 보장받는 금액이 훨씬 커.

보험에는 어떤 종류가 있어?

보험은 종류가 정말 많아.

먼저 **생명보험**이라는 게 있는데 말 그대로 내 생명에 위험이 생길 때를 대비한 보험이지.

생명보험은 사망 위험뿐만 아니라 나이가 들어 돈을 벌기 어려울 때를 대비하기도 하는데 이걸 연금 보험이라고 해.

연금보험은 일정한 보험료를 다 냈을 때 일 년에 얼마씩 돈을 지급해 주는 보험이지.

비슷한 종류로 상해보험이 있어. 이건 예상치 못한 사고로 다쳤을 때 받을 수 있는 보험이야.

갑자기 죽거나 크게 다쳐서 생계가 어려워질 수도 있으니 꼭 필요한 보험이네.

3장_돈 관리는 이렇게 해야지.

돈 관리는 이렇게 해야지.

손해보험은 교통사고나 자연재해 같이 예상하지 못한 사고로 생기는 재산 피해를 대비한 보험이지.

이 보험에 들었다면 사고로 내 물건이 망가져도 보상받을 수 있겠네.

그 외에도 자동차보험, 화재보험 등 다양한 보험이 있어.

자동차 사고를 대비한 자동차 보험

화재 사고를 대비한 화재보험

이렇게 여러 피해를 대비하는 보험을 유지하기 위해 보험료를 걷고, 지급하는 일은 보험회사에서 하고 있지.

그럼 보험회사는 돈을 어떻게 벌어?

보험회사는 받은 보험금으로 대출을 해주고 이자를 받아. 대표적으로 내가 낸 보험금을 담보로 한 보험약관대출이 있어.

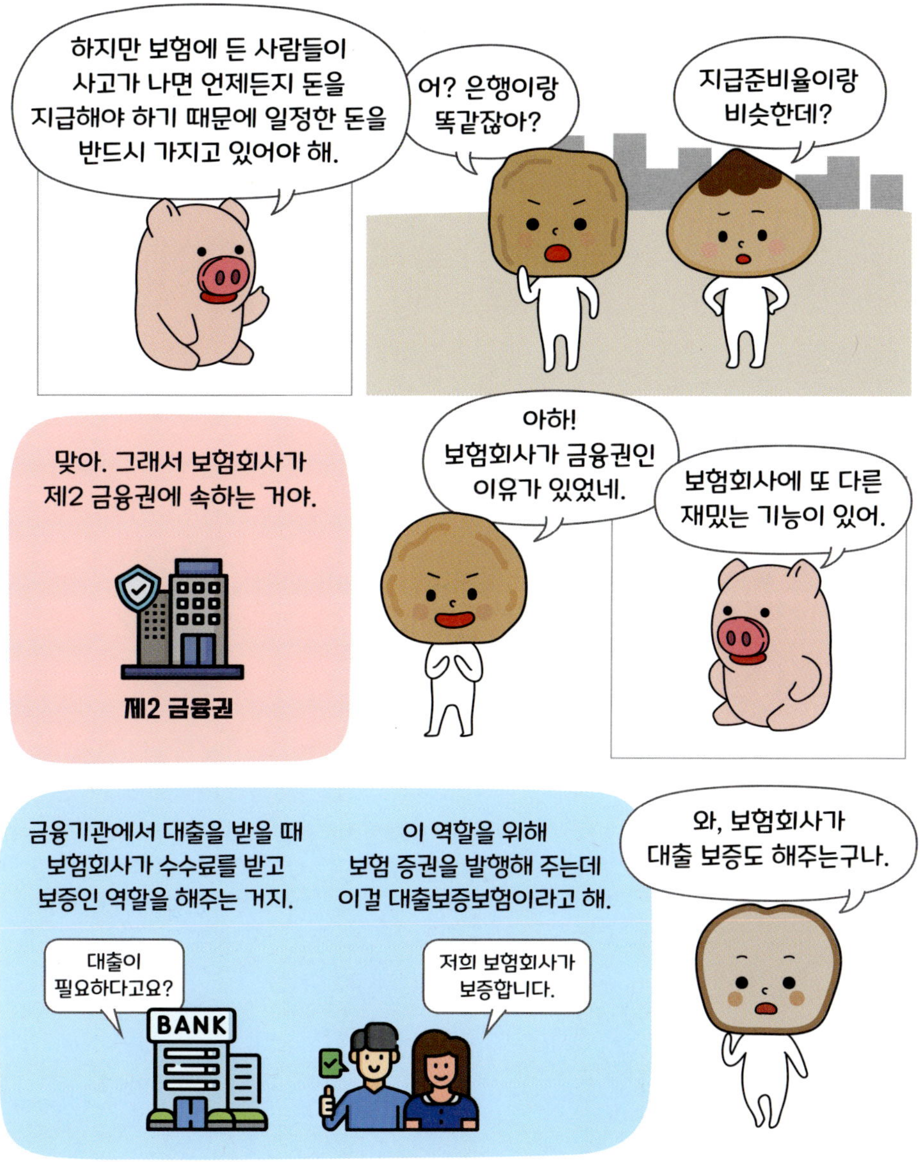

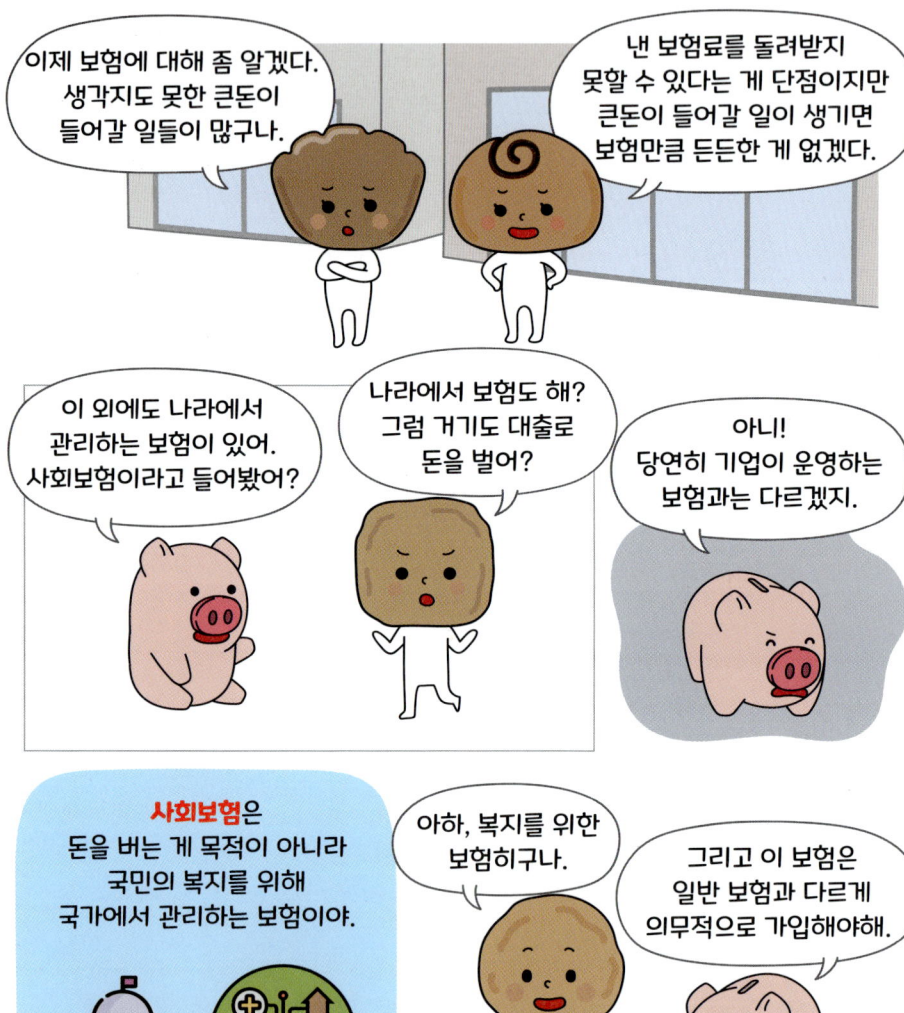

"연금보험, 국민건강보험, 고용보험, 산재보험 이렇게 4가지 보험으로 이루어져 있어 4대 보험이라고 하기도 해."

"특히 직원 수가 많은 기업이라면 직원들의 보험료를 기업이 함께 내줘야 하지."

기업   근로자   사회보험료

"그니까 그게 뭔데?"

"4대 보험이 각각 무엇인지 설명해 줄게."

"먼저, 연금보험은 국민연금이라고도 하는데 나이가 들어 은퇴한 사람들에게 연금이라는 돈을 주어 생활할 수 있도록 만든 보험이야."

갸우뚱

척

"다음은 **국민건강보험**이야. 이건 의료보험이라고도 해. 의료비 부담을 덜어주기 위해 마련된 보험이지."

"고용보험은 일자리를 잃은 사람이 새로운 일을 구하는 기간 동안 생활비를 주기 위한 보험이지."

"마지막으로 산재보험은 일을 하다 다친 사람에게 보상을 해 주는 보험이야."

3장_돈 관리는 이렇게 해야지.

돈 관리는 이렇게 해야지.

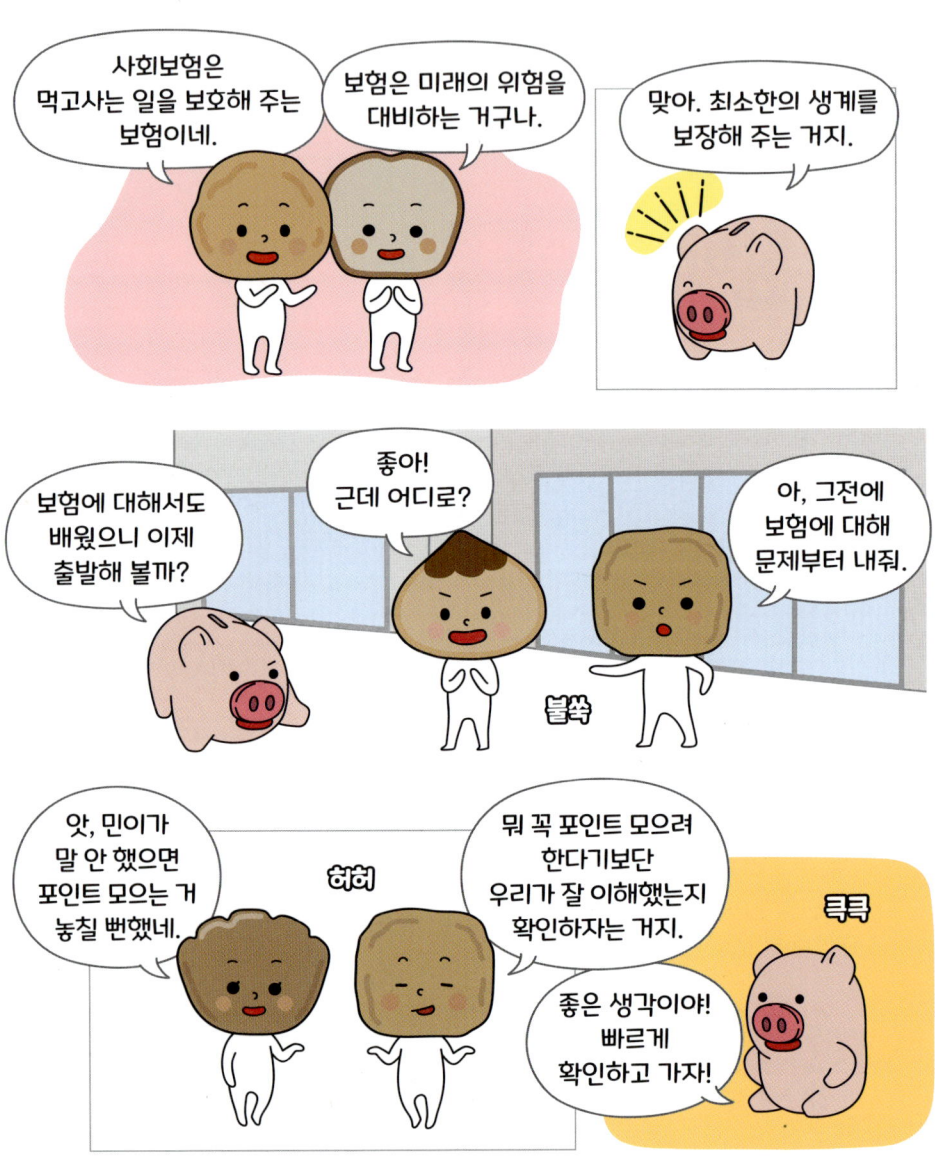

문제 049

재해나 병, 각종 사고가 일어날 경우를 대비해 미리 일정한 돈을 적립해 두었다가 사고를 당하면 일정 금액을 주어 손해를 보상하는 제도는?

ㅂ ㅎ

정답

문제 050

보험에 가입하려는 사람의 생명에 위험이 생길 때를 대비한 보험은?

ㅅ ㅁ ㅂ ㅎ

정답

문제 051

국민의 복지를 위해 국가에서 관리하는 보험으로 4대 보험이라고도 불리는 것은?

ㅅ ㅎ ㅂ ㅎ

정답

문제 052

사회 보험 중 의료비 부담을 덜어주기 위해 마련된 보험으로 의료보험이라고도 불리는 것은?

ㄱ ㅁ ㄱ ㄱ ㅂ ㅎ

정답

3장_돈 관리는 이렇게 해야지.

돈 관리는 이렇게 해야지.

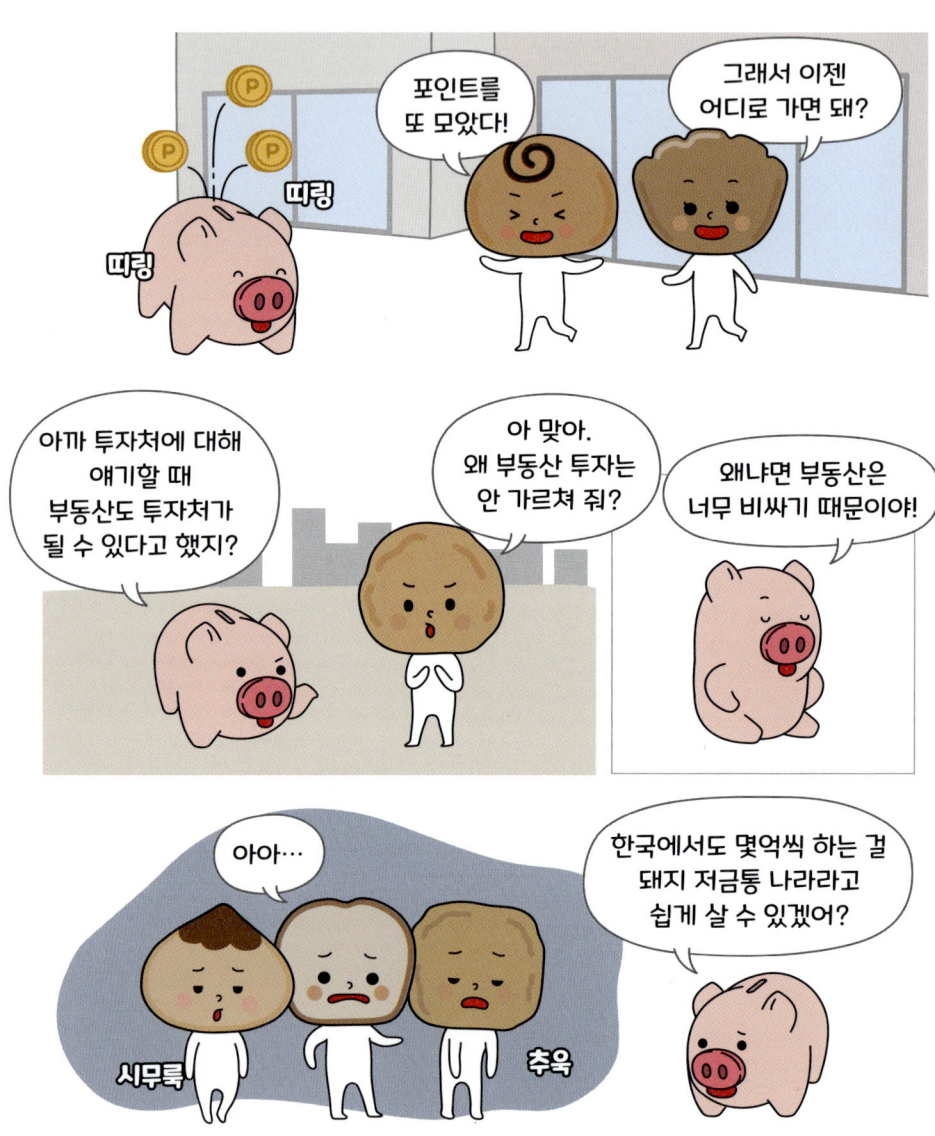

돈 관리는 이렇게 해야지.

아! 여기가 그럼 부동산 시장이구나?

기억하는구나? 맞아, 여기가 부동산 시장이지. 부동산은 일반적인 거래와는 방법이 조금 달라.

왜?

부동산은 워낙 금액이 크기 때문에 파는 사람은 조금 더 비싼 가격에 팔고 싶어 하고 사는 사람은 조금 더 저렴한 가격에 사고 싶어 하겠지?

좀 더 비싸게 팔아야지.

좀 더 싸게 사야지.

그래서 두 사람이 적정한 가격에 합의해서 거래해. 이렇게 집이랑 땅 같은 것을 사고파는 걸 '부동산 매매'라고 해.

부동산 매매를 하기 위해서는 거래 계약서 등 다양한 서류를 작성해야 해.

그 계약서에는 사는 사람과 파는 사람의 정보와 그 외의 많은 내용이 담겨 있어. 서류를 작성하고 비용을 모두 입금하면 매매가 끝나는 거야.

돈 관리는 이렇게 해야지.

그래서 바로 나 같은 공인중개사가 필요하지. **공인중개사**는 사는 사람과 파는 사람 사이에서 중개하며 복잡한 거래도 안전하게 할 수 있게 도와준단다.

우와! 너무 멋져요! 그럼 돈은 어떻게 버시는데요?

거래하는 사람들에게서 중개 수수료를 받아 돈을 벌지.

그렇기 때문에 만약 계약 과정에서 실수하거나 문제가 생기면 내가 어느 정도 책임을 져야 해.

공인중개사는 어떻게 하면 될 수 있어요?

공부를 열심히 하고 시험을 봐서 자격증을 따야 해.

윽, 공부 난 공부 못하는데.

공부하기 싫으면 공인중개사는 어림도 없겠네.

헤헤

궁금한 게 또 있니?

부동산을 사고파는 게 매매라는 건 알겠는데 여기 월세랑 전세는 무슨 말이에요?

이 숫자들은 다 뭐고요.

좋은 질문이구나. 전세와 월세는 집이나 상가를 빌려주는 방식이란다.

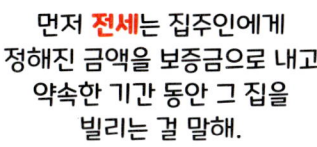

먼저 **전세**는 집주인에게 정해진 금액을 보증금으로 내고 약속한 기간 동안 그 집을 빌리는 걸 말해.

일반적으로 2년의 기간 동안 집을 빌려. 이 기간이 지나면 집주인은 보증금을 다시 돌려줘야 해.

돈 관리는 이렇게 해야지.

돈을 전부 다 돌려받아요?

그럼. 그리고 전세금은 보통 집값보다 60% 정도 더 싸서 집을 사는 것보다 부담이 덜하지.

집값의 60%면 그래도 비싸긴 하네요.

더 저렴하게 집을 빌릴 수도 있어. 바로 월세를 이용하면 되지.

월세도 보증금이 필요하지만 전세 보증금에 비해 적어서 부담이 적거든.

전세 보증금 / 월세 보증금

하지만 정해진 금액을 매달 내야 하지. 보증금과 달리 매달 낸 돈은 돌려받을 수 없어.

월세 보증금 / 월세

전세 적은 돈으로 집을 빌릴 수 있지만 대신 낸 돈을 돌려받을 수 없구나.

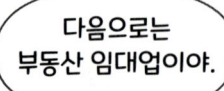

일반 도시는 필요한 시설이 자연스럽게 생겨났지만 신도시는 그렇지 않아서 필요한 것들을 새롭게 만들어야 해.

먼저 집과 전기, 수도 시설 그리고 교통 등 살아가는 데 꼭 필요한 시설들이 있어야겠지?

주거시설

전기

수도

교통

또 학교나 도서관 같은 교육과 문화시설도 필요하지.

학교

도서관

또 꼭 필요한 게 뭐가 있을까?

음… 아플 때 가야 할 병원이요!

맞아. 병원도 빼놓을 수 없지. 그리고 아이들과 노인, 장애인을 위한 복지 시설도 필요해.

병원

복지 시설

이렇게 경제활동을 편리하게 만드는 시설과 제도를 '인프라'라고 해.

돈 관리는 이렇게 해야지.

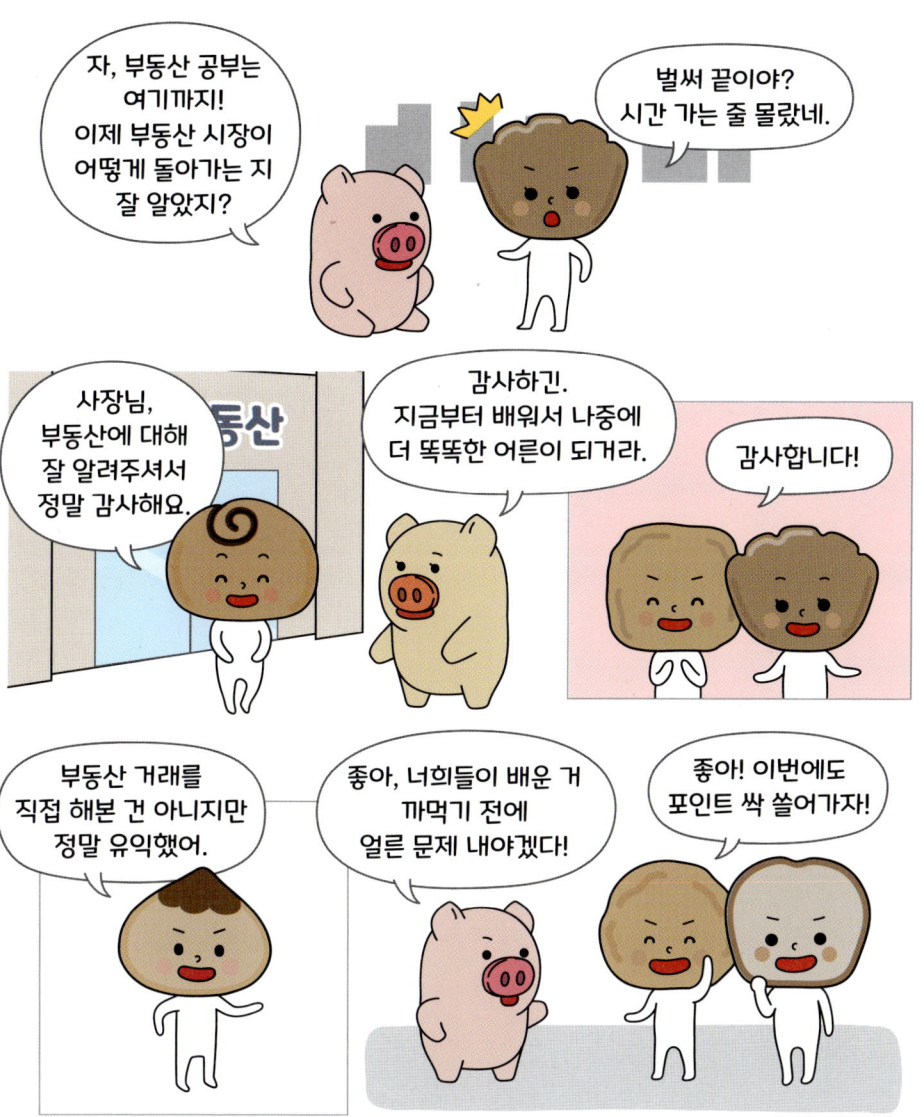

돈 관리는 이렇게 해야지.

문제 053

부동산을 사는 사람과 파는 사람 사이에서 중개하며 복잡한 거래를 안전하게 할 수 있게 도와주는 사람은?

ㄱㅇㅈㄱㅅ

정답

문제 054

주인에게 보증금을 맡기고 약속한 기간 동안 집이나 상가를 빌렸다가 그 기간이 지나면 보증금을 다시 돌려받는 것은?

ㅈㅅ

정답

문제 055

집이나 상가를 빌릴 때 보증금을 내고 매월 일정한 금액의 세를 내는 것은?

ㅇㅅ

정답

문제 056

자연적으로 생긴 도시가 아니라 계획적으로 건물을 세워 만든 새로운 도시를 뜻하는 말은?

ㅅㄷㅅ

정답

4장

나라끼리도 거래를 한다고?

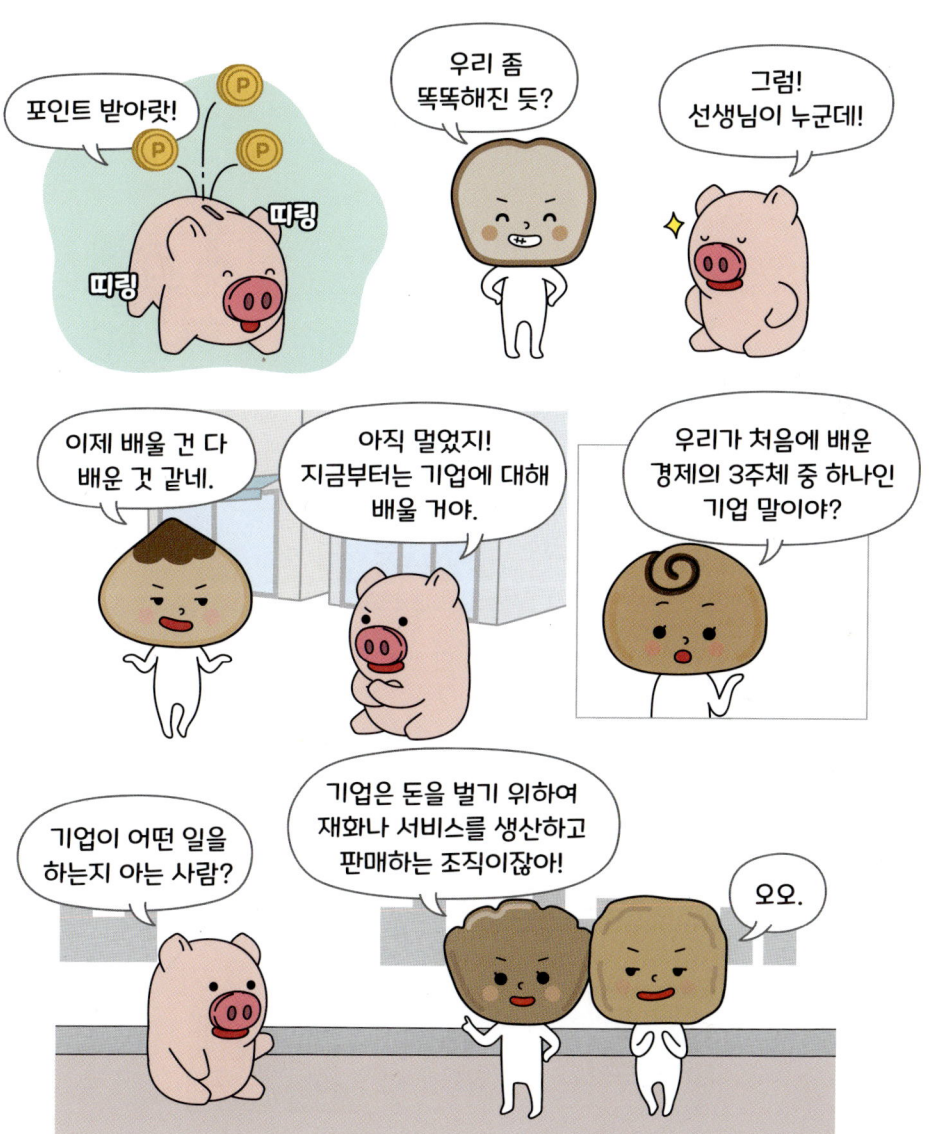

나라끼리도 거래를 한다고?

그런 기업을 이끄는 최고 경영자를 **시이오(CEO)**라고 불러. CEO는 기업의 발전과 성장을 이끄는 중요한 사람이야.

사장님 같은 건가?

자기 돈으로 회사를 세운 사장이 직접 회사를 경영하기도 하지만 경험이 많은 경영 전문가를 데려오기도 해.

그럼 최고경영자여도 회사에 고용당한 직원이라는 거야?

맞아, 회사에서 월급을 받는 직원이지. 그래서 회사 운영을 잘 못한다면 해고당할 수도 있어.

CEO가 하는 일이 뭔데?

기업이 나아갈 방향과 사업 목표를 정하고, 다양한 전략을 세운 후에 이를 지휘하는 일을 해.

만약 CEO가 잘못된 방향을 제시하면 기업에 큰 피해가 돌아올 수 있기 때문에 큰 책임을 맡고 있는 거지.

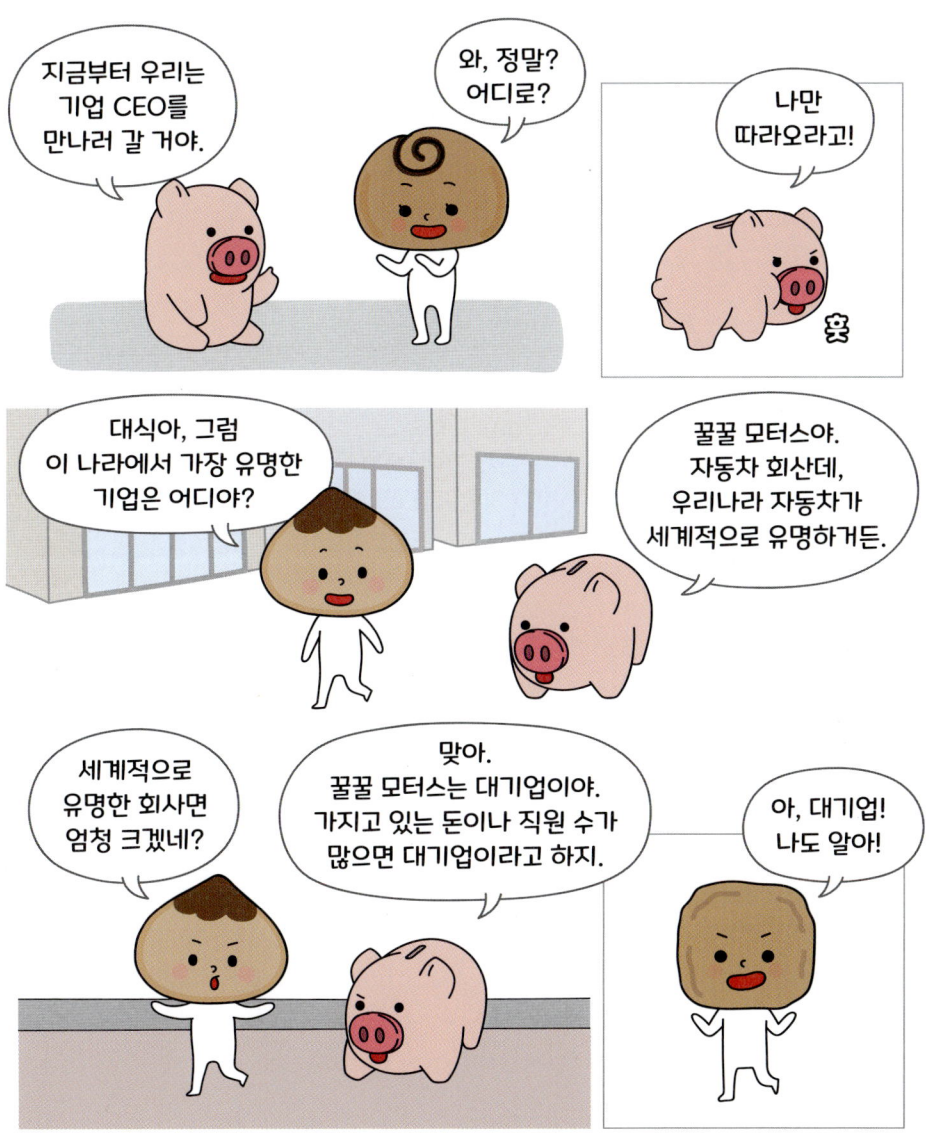

나라끼리도 거래를 한다고?

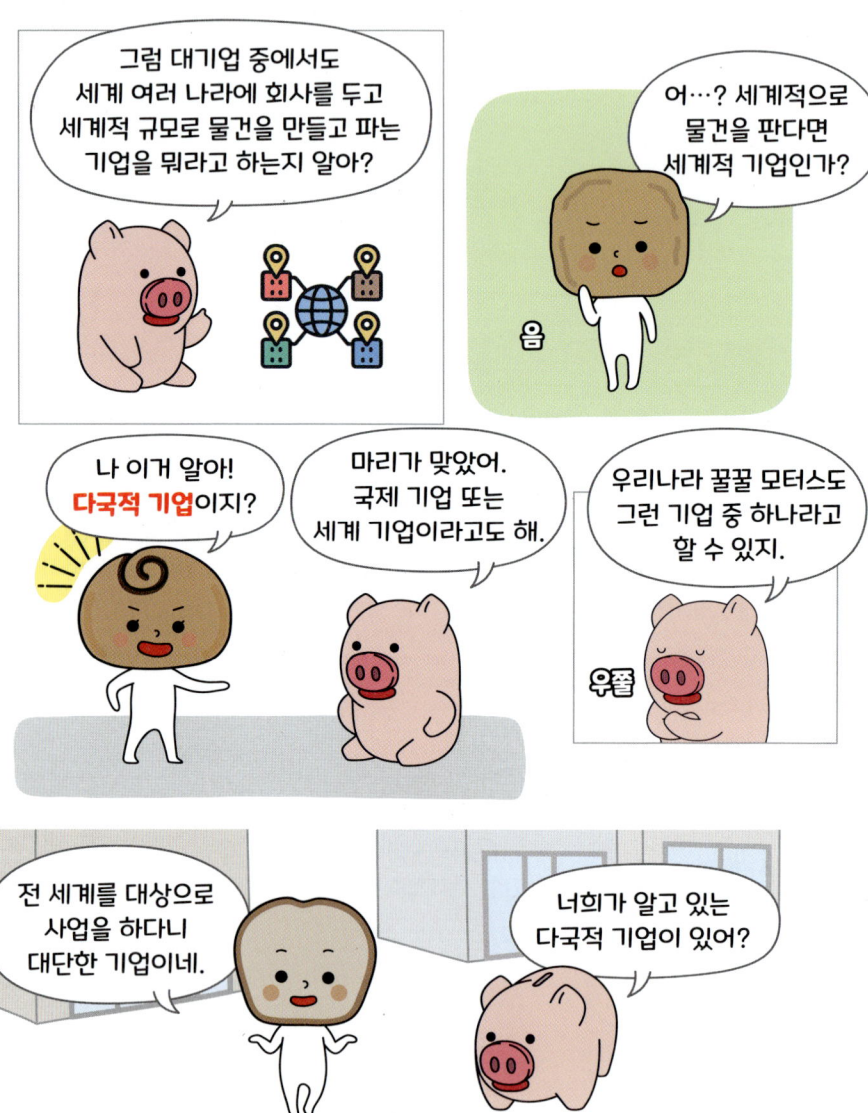

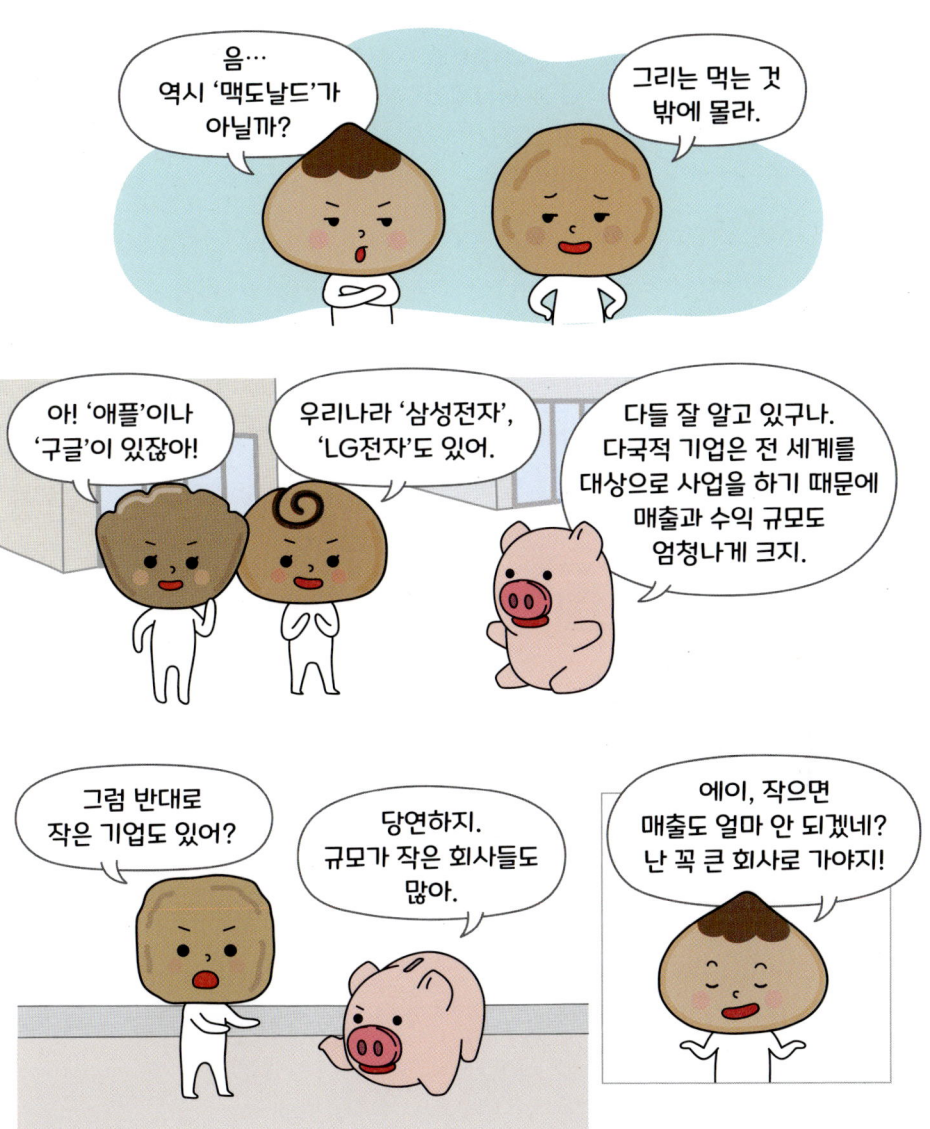

나라끼리도 거래를 한다고?

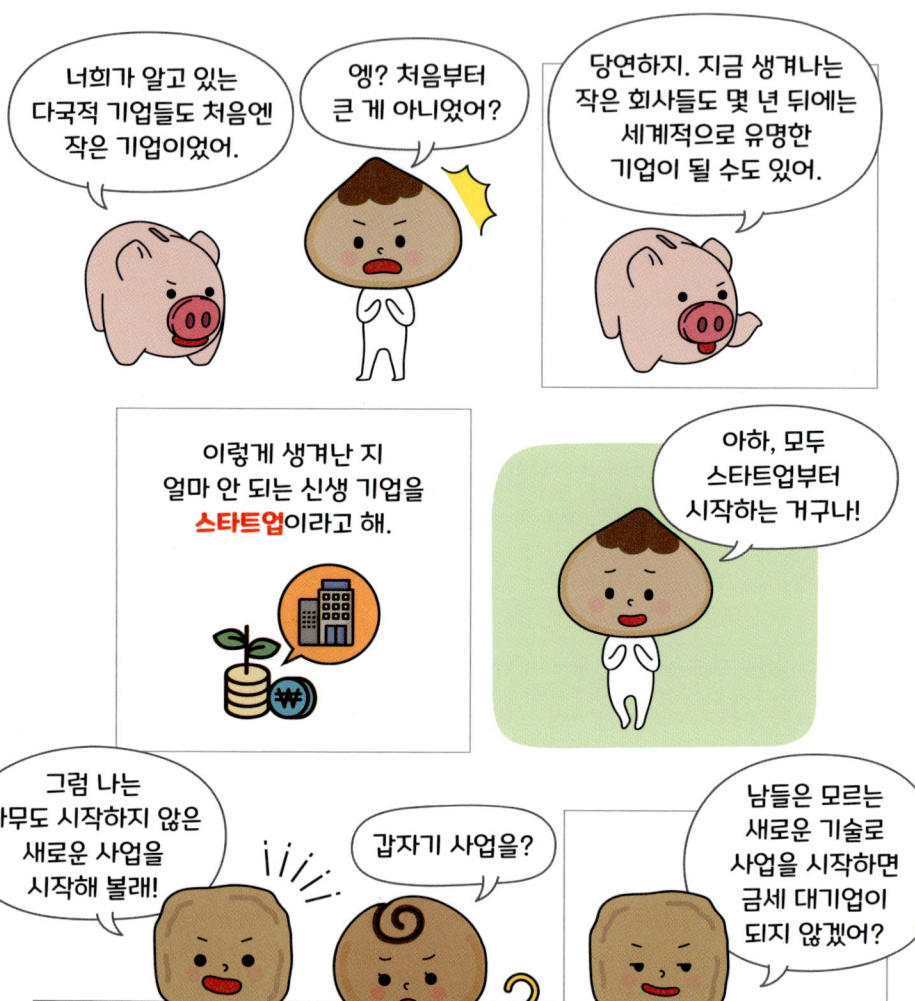

오! 민이 대단한데?

허풍이!

우씨! 놀리지 마!

툭툭

민이 같은 생각을 가진 사람들이 시작하는 기업을 **벤처기업**이라고 해.

벤처기업은 신기술 개발을 통해 사업을 하는 소규모 기업이야. 한국에서 떠오르는 벤처사업으로는 정보통신, 즉 IT 산업이 있지.

신기술

IT 산업

벤처기업들의 연구개발 덕분에 한국의 IT 기술은 따라올 나라가 없어.

이런 기술을 수출할 경우 얻는 수익이 자동차 몇만 대를 파는 것과 같은 수익을 얻는다고 하지.

기술 수출

규모가 작아도 신기술이기 때문에 매출이 높을 수밖에 없구나.

나라끼리도 거래를 한다고?

"기업도 살 수 있다는 걸 알고 있어?"

"기업을 산다고? 기업은 물건이 아닌데?"

"예를 들어 꿀꿀 모터스가 휴대폰도 만들고 싶어졌다고 해보자."

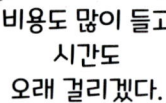

"하지만 자동차만 만들던 기업이 휴대폰을 만들려면 만드는 방법을 처음부터 다 공부해야겠지?"

"어휴, 그 어려운 걸 처음부터 만들려면 비용도 많이 들고 시간도 오래 걸리겠다."

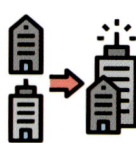

"하지만 휴대폰을 이미 만들고 있던 회사가 우리 회사가 된다면 훨씬 쉽게 휴대폰을 만들 수 있을 거야."

"이렇게 여러 기업이 하나로 합쳐지는 것을 **인수합병**을 했다고 말해."

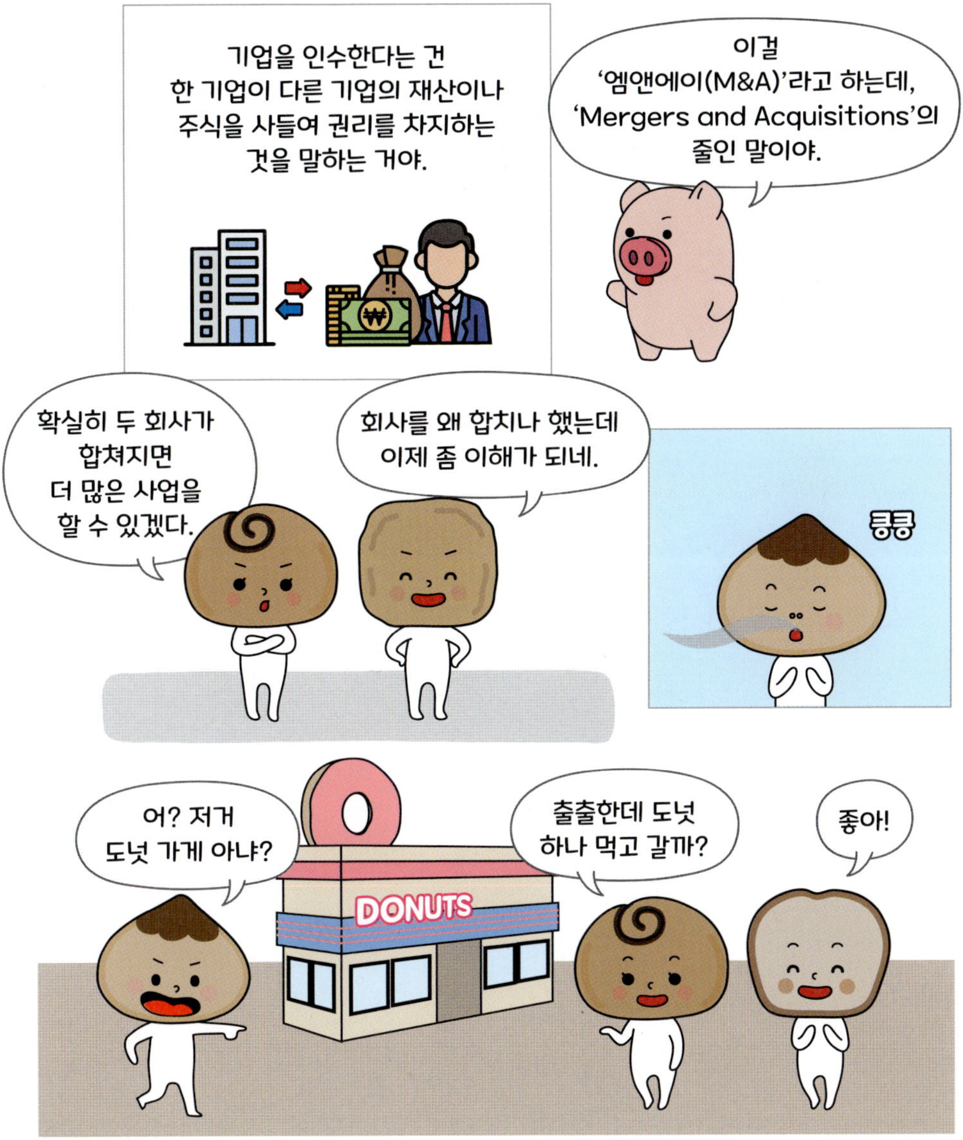

나라끼리도 거래를 한다고?

나라끼리도 거래를 한다고?

적은 수의 기업이 이익을 대부분 차지하는 걸 과점이라고 하고, 이 둘을 합쳐 **독과점**이라고 해.

이익 독차지

여러 기업이 자기 재화나 서비스를 팔기 위해 서로 경쟁해야 가격은 낮아지고 품질은 좋아지거든.

가격 하락   품질 상승

독과점이 생기면 굳이 경쟁을 하지 않아도 물건이 팔리기 때문에 기업 마음대로 가격을 정할 수 있게 되지.

그런 게 어딨어! 너무 나쁘다.

하지만 아까 그리처럼 비싸도 도넛 먹겠다는 사람이 있으니까.

맞아. 꼭 필요한 거면 살 수밖에 없잖아. 독과점이 생겨도 소비자는 어쩔 수 없이 구매하게 되지.

도넛은 꼭 필요한 거지! 그게 얼마나 맛있는 건데! 절대 용서 못해!

씩씩

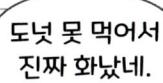   

도넛 못 먹어서 진짜 화났네.

이윤을 많이 내려는 기업의 욕심 때문이지 뭐.

그런데 이윤을 내는 게 목적의 전부가 아닌 기업도 있어. 바로 **사회적 기업**이야.

일반 기업은 이윤을 최대화 하는 것에 목적을 두지만 사회적 기업은 그렇지 않아.
공익을 위한 서비스나 재화를 생산하고, 직업을 구하기 어려운 취약 계층에게 일자리를 제공하는 기업이야.

장애인 직업 재활 빵집 / 노숙자 자활 지원 잡지 / 할머니 일자리 창출 팔찌 / 지역사회 기부 중고물품 판매

그럼 수익을 많이 내긴 힘들겠다.

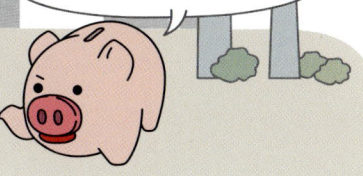

맞아. 그래서 사회적 기업은 영리기업과 비영리기업의 중간 형태라고 할 수 있지.

4장_나라끼리도 거래를 한다고?

나라끼리도 거래를 한다고?

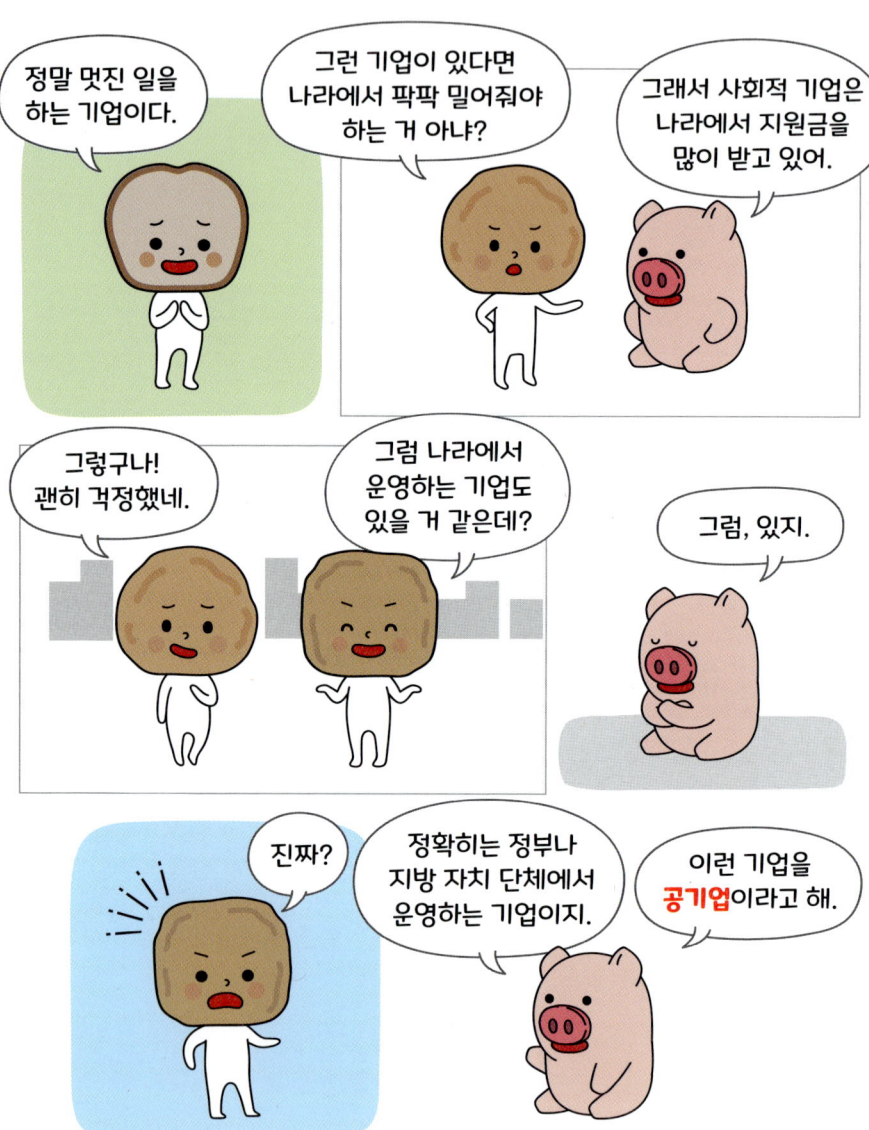

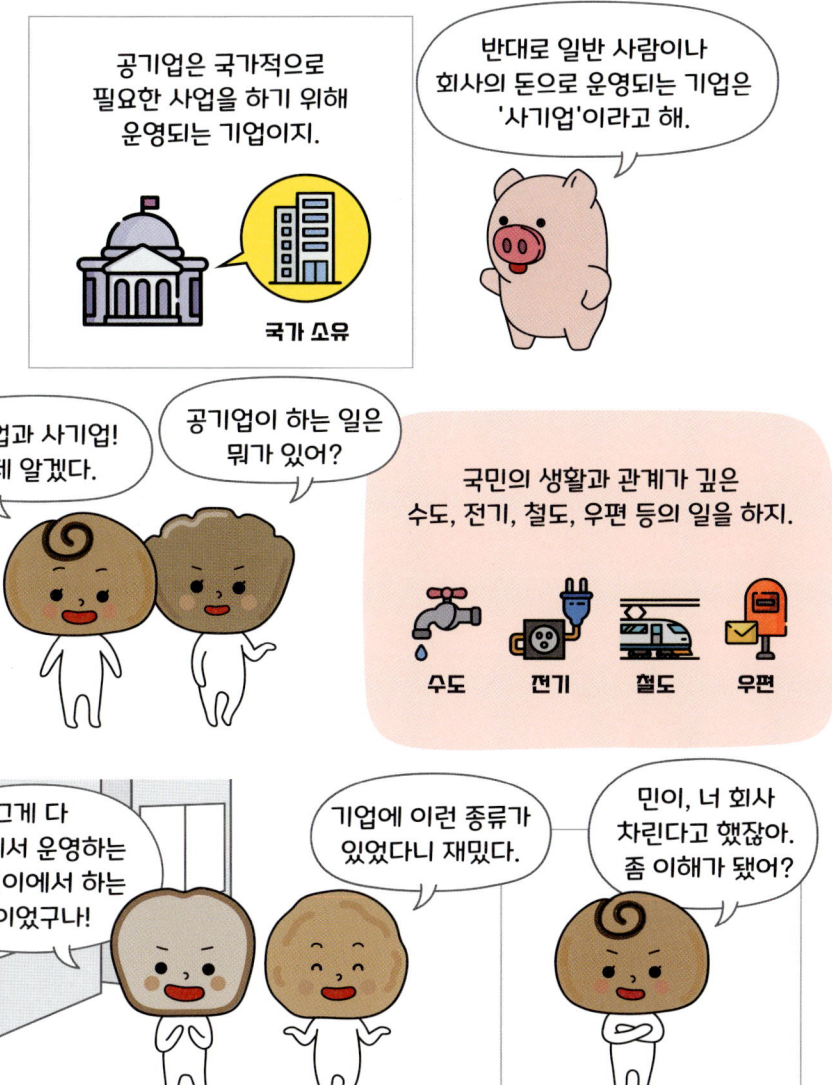

나라끼리도 거래를 한다고?

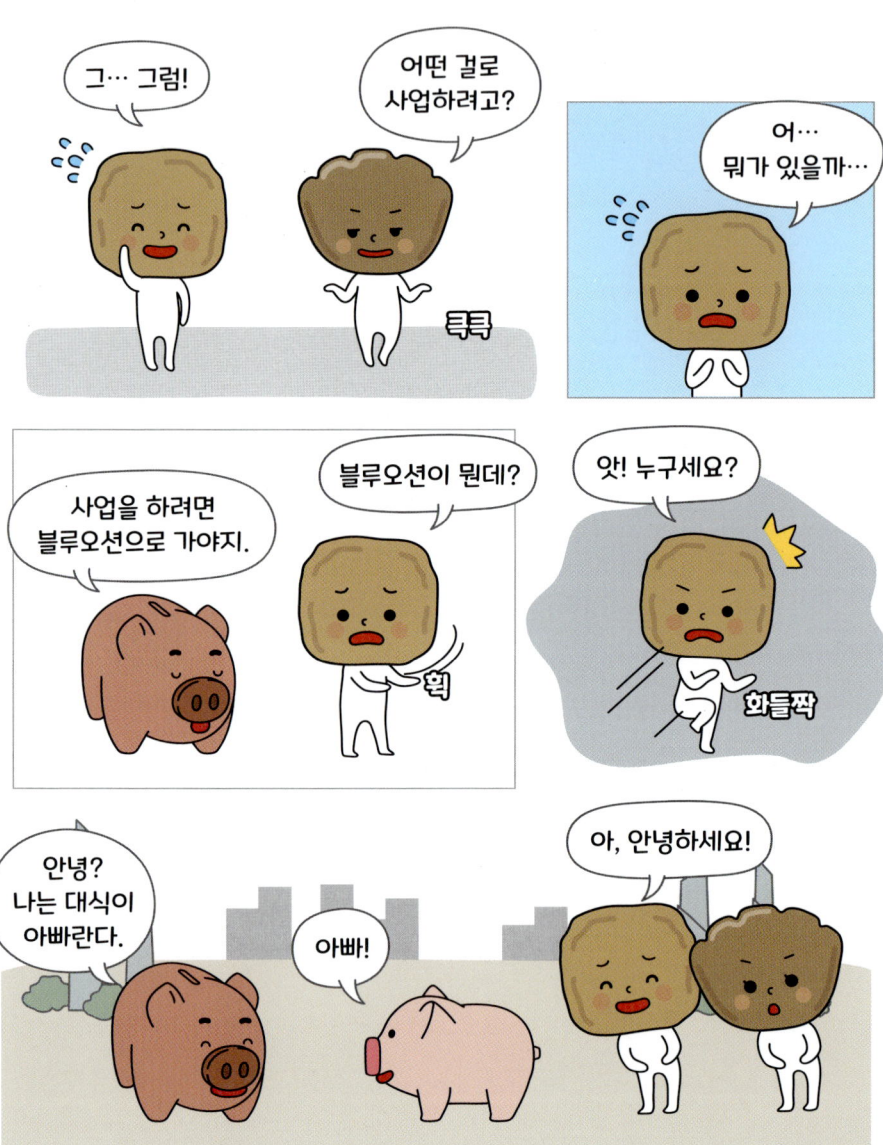

나라끼리도 거래를 한다고?

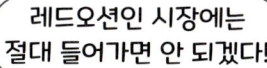

나라끼리도 거래를 한다고?

흑자는 검은색 글자라는 뜻으로 회사에서 번 돈이 쓴 돈보다 많아 이익이 생긴 것을 의미한단다.

黑 字
검을 흑　글자 자

적자는 빨간색 글자라는 뜻으로 회사에서 번 돈보다 쓴 돈이 많아 손해를 본 것이지.

赤 字
붉을 적　글자 자

그냥 이익과 손실이라고 하면 되지 왜 어렵게 흑자와 적자라고 표현해요?

예전에는 직접 손으로 매출과 지출을 장부에 정리했거든. 그때 이익은 검은색으로, 손해는 빨간색으로 적었기 때문에 그렇게 부른단다.

날짜	거래내용	수입	비용
1.2	매출	60,000	
1.5	구입		30,000

아, 그렇구나.

헤헤

그럼, 이쯤에서 문제를 풀어 볼까?

좋아!

4장_나라끼리도 거래를 한다고?

나라끼리도 거래를 한다고?

문제 057

기업을 이끄는 최고 경영자로 기업의 발전과 성장을 이끄는 사람을 뜻하는 말은?

*영어 약자

정답:

문제 058

세계 여러 나라에 회사를 두고 세계적 규모로 물건을 만들고 파는 기업은?

ㄷㄱㅈ ㄱㅇ

정답:

문제 059

생겨난 지 얼마 안 되는 신생 기업을 뜻하는 말은?

ㅅㅌㅇ

정답:

문제 060

신기술 개발을 통해 사업하는 소규모 기업은?

ㅂㅊㄱㅇ

정답:

문제 061

한 기업이 다른 기업의 재산이나 주식을 사들여 권리를 차지하는 것은?

ㅇㅅㅎㅂ

정답:

문제 062

한 시장에서 경쟁사업자가 존재하지 않거나 소수의 사업자가 이익의 대부분을 차지하는 것을 칭하는 말은?

ㄷㄱㅈ

정답:

문제 063

공익을 위한 서비스나 재화를 생산하고, 직업을 구하기 어려운 취약 계층에게 일자리를 제공하는 기업은?

ㅅㅎㅈ ㄱㅇ

정답:

문제 064

국가적으로 필요한 사업을 위해 정부나 지방 자치 단체에서 운영하는 기업은?

ㄱㄱㅇ

정답:

나라끼리도 거래를 한다고?

문제 065

경쟁이 아예 없거나
치열하지 않은
평화로운 시장은?

ㅂㄹㅇㅅ

정답

문제 066

너무 많은 사람들이
사업을 하고 있어
경쟁이 치열한 시장은?

ㄹㄷㅇㅅ

정답

문제 067

회사에서 번 돈이
쓴 돈보다 많아
이익이 생긴 것을
뜻하는 단어는?

ㅎㅈ

정답

문제 068

회사에서 쓴 돈이
번 돈보다 많아
손해가 생긴 것을
뜻하는 단어는?

ㅈㅈ

정답

4장_나라끼리도 거래를 한다고?

나라끼리도 거래를 한다고?

나라끼리도 거래를 한다고?

나라끼리도 거래를 한다고?

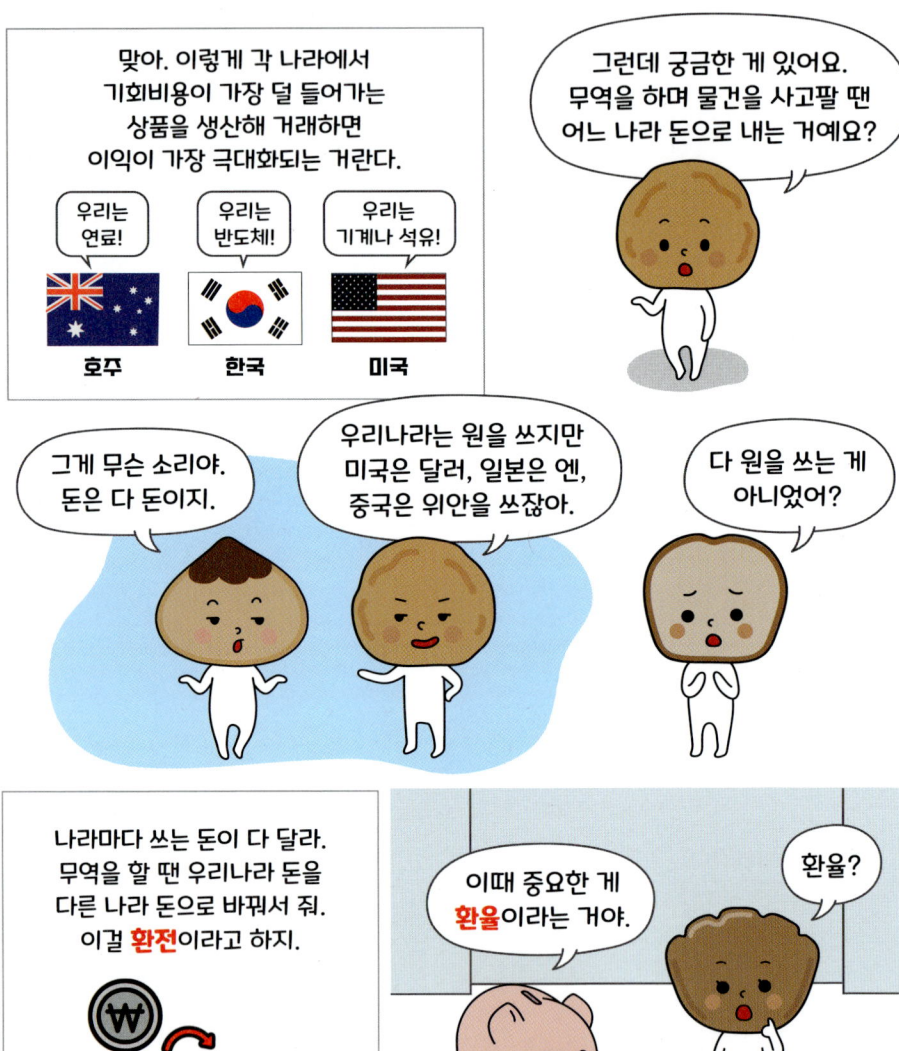

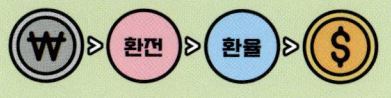

나라끼리도 거래를 한다고?

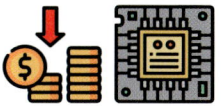

나라끼리도 거래를 한다고?

그건 우리나라에서 만드는 물건을 보호하기 위해야.

보호하기 위해 세금을 매긴다고요?

우리나라 상품보다 싼값에 외국 상품이 들어오면 사람들이 수입 상품만 구매하게 되겠지.

수입품이 저렴하니 수입품을 사야겠다.

우리나라에서 만든 A 상품이 10,000원이라고 해보자. A 상품과 가격도 품질도 비슷한 B 상품을 수입해 왔을 때 관세를 10% 매기게 되면 B 상품은 11,000원이 되겠지?

A상품　　　　B상품

품질이 비슷하다면 사람들은 조금 더 저렴한 국내 A 상품을 사게 되는거지.

국내산이 더 싸네.

우리나라 상품이 더 많이 팔리도록 유리하게 만들어주는 거네요.

나라끼리도 거래를 한다고?

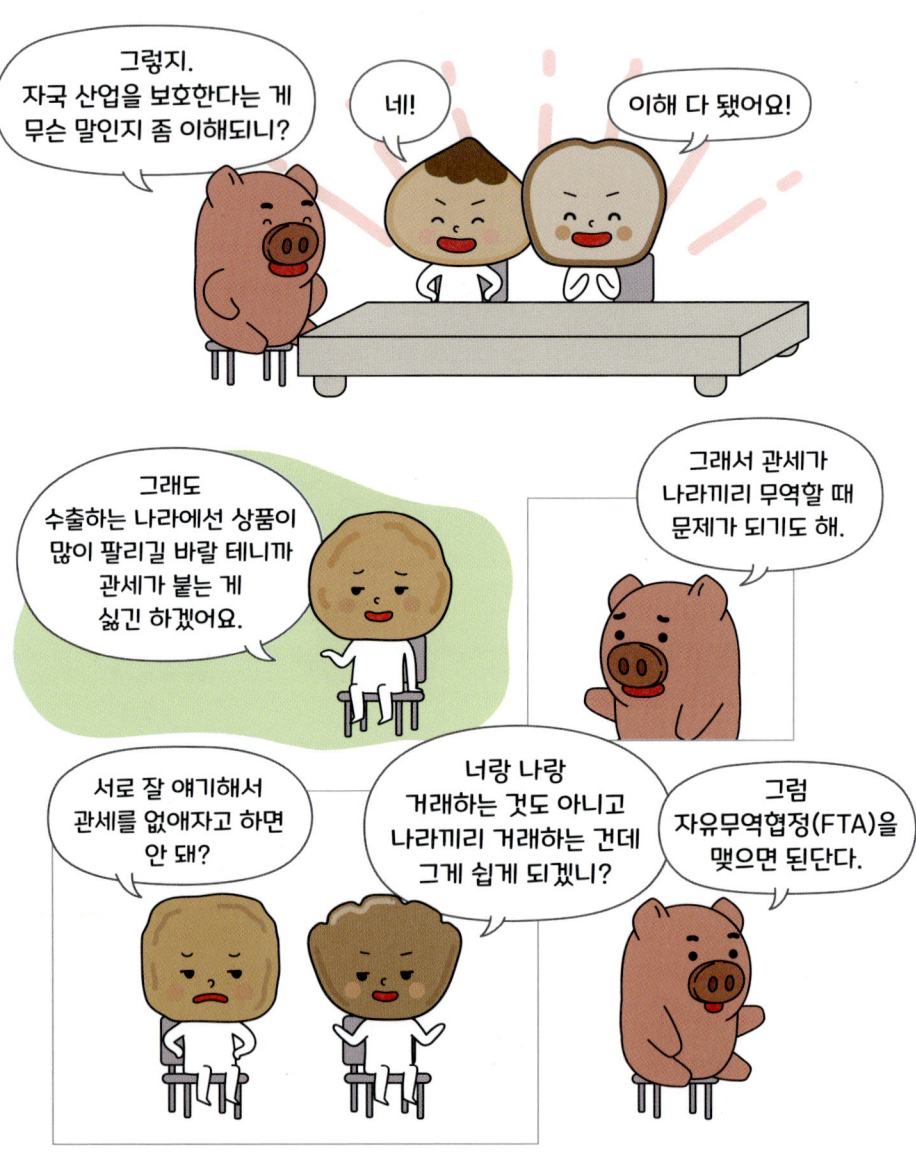

관세를 없애는 게 된다고요?

자유무역협정(FTA)은 국가 간의 무역을 국내에서 하는 것처럼 관세를 낮추거나 없애자고 약속하는 거야.

우리 관세 없이 자유롭게 무역하자.

한국

미국

관세가 붙지 않으니 외국에서 들여온 좋은 품질의 물건을 싸게 살 수 있겠지?

우리나라의 수출 기업들도 관세 없이 해외에 물건을 팔 수도 있고 외국에 직접 공장을 세워 현지에서 생산하고 판매할 수도 있지.

한국 물건이 저렴하고 품질이 좋다.

바로 공급

그럼 훨씬 저렴하게 판매할 수 있겠어요.

반대로 한국에도 외국의 기업이 세워져 선진 기술과 자본이 들어올 수도 있어.

선진 기술 유입

이렇게 무역이 활발해지면 일자리가 늘어나고 경제가 발전되는 데 좋은 영향을 끼치게 되지.

나라끼리도 거래를 한다고?

"역시 관세가 없어지면 좋은 점이 많다니까!"

"그런데 아까 우리나라 물건을 보호하기 위해 관세가 있다고 했잖아요?"

"관세가 없어지면 보호를 못 받게 되는 거 아닌가요?"

"물론 경쟁력이 약한 산업은 수입 물품에 밀려 피해를 보기도 하지."

"한국으로 예를 들면 농축산물은 수입 상품과 가격 경쟁에서 밀리거든."

"국산품은 비싸서 팔리지 않는군."

저렴한 수입산 농축산물

"물건을 싸게 사는 건 좋은데 우리 물건이 너무 안 팔리면 한국에서 농사를 지을 사람이 없어지겠어."

"맞아. 그러다 보면 농축산물은 수입하지 않으면 먹을 수 없게 되겠지."

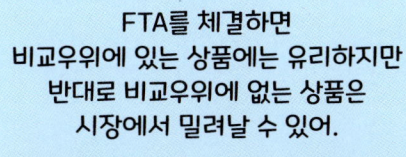

나라끼리도 거래를 한다고?

"힘센 나라가 약한 나라한테 물건을 싸게 가져갈 수도 있잖아."

"하긴. 그러면 큰일이긴 하겠다. 가운데서 중재해 주는 사람도 없을 텐데."

"그래서 'WTO'라는 국제기구가 생겨난 거지."

"WTO?"

"진이 말처럼 전 세계가 활발히 무역을 하고 있는 만큼 경제 분쟁도 많이 일어난단다."

세계무역기구(WTO)는 나라와 나라 사이에 경제 분쟁이 일어났을 때 옳고 그름을 판단하고 잘못된 것을 바로잡는 국제기구로 한국도 이 기구에 가입되어 있어.

"무역으로 일어나는 분쟁을 중재하지!"

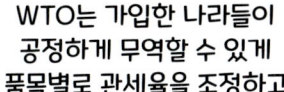

나라끼리도 거래를 한다고?

나라끼리도 거래를 한다고?

비행기가 생긴지 얼마 안 됐을 땐 먼 거리를 이동할 때 중간에 착륙해 기름을 넣고 다시 출발해야 했어. 기름을 넣는 동안 많은 승객들이 공항에 머물다 갔지.

이걸 보고 중간 기착지와 도착지 어디에도 세금을 내지 않는 상점을 만들어 승객들에게 판매해야겠다는 생각을 하게 된 거야.

그래서 공항 안 출국장에만 면세점이 있는 거군요?

관세와 소비세를 모두 면제해주는 듀티프리 면세점은 공항 출국장과 시내에도 있어.

공항

시내

시내에도 면세점이 있어요?

시내에 있어도 출국 수속을 마친 여행객만 이용이 가능해.

그 외에도 소비세만 면제가 되는 택스프리 면세점도 있지.

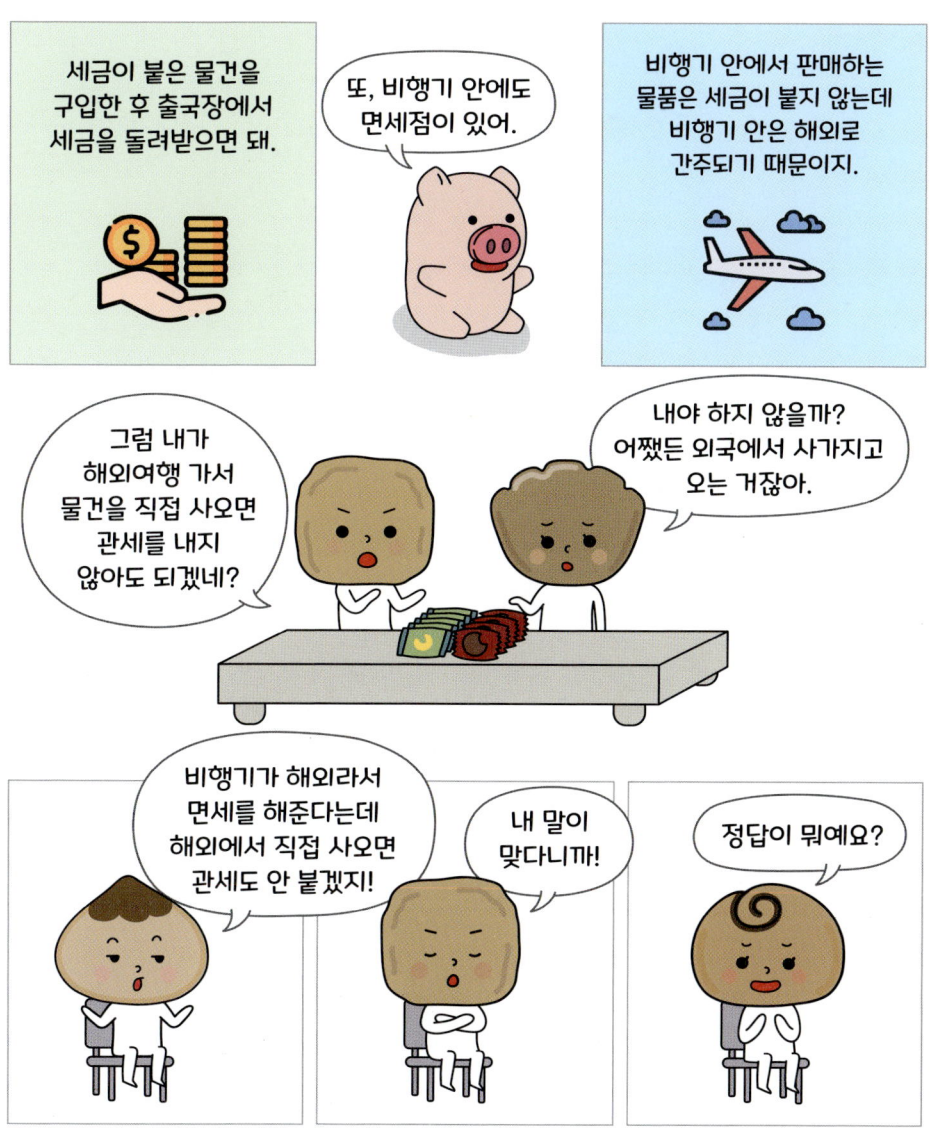

나라끼리도 거래를 한다고?

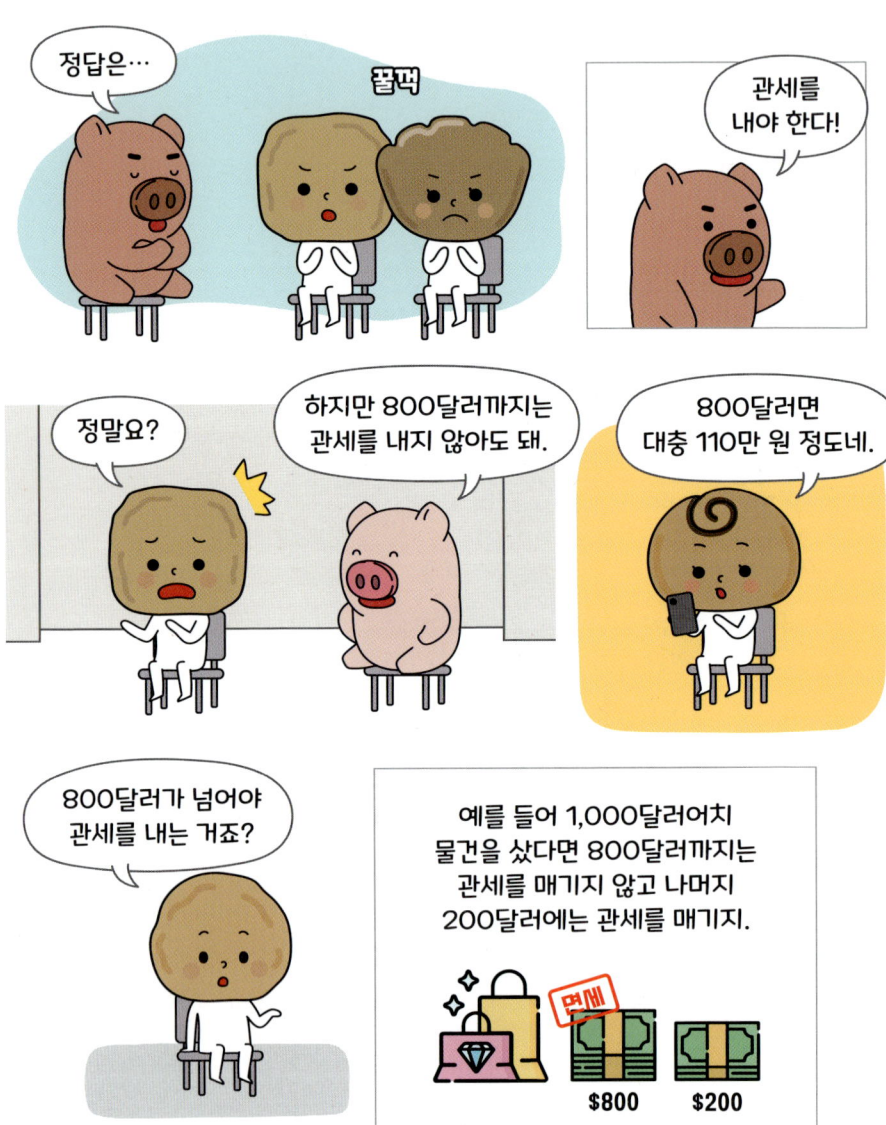

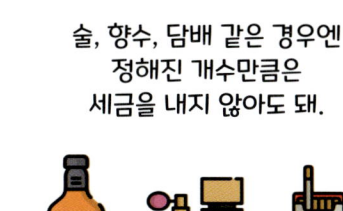

나라끼리도 거래를 한다고?

문제 069

나라 간에 물건을 사고팔고 교환하는 일은?

ㅁ ㅇ

정답

문제 070

우리나라 물건을 다른 나라에 파는 것은?

ㅅ ㅊ

정답

문제 071

다른 나라 물건을 우리나라로 사 오는 것은?

ㅅ ㅇ

정답

문제 072

무역에서 한 나라가 특정 상품을 다른 나라보다 더 효율적으로 생산하는 것은?

ㅂ ㄱ ㅇ ㅇ

정답

문제 073

무역을 할 때
우리나라 돈을
다른 나라 돈으로
바꾸는 것은?

ㅎ ㅈ

정답

문제 074

우리나라 돈과 다른 나라 돈을
바꿀 때 얼마의 돈이
필요한지 나타내는 것은?

ㅎ ㅇ

정답

문제 075

나라 간에
돈거래를 할 때
기본이 되는 돈을
뜻하는 말은?

ㄱ ㅊ ㅌ ㅎ

정답

문제 076

외국에서 만든 물건을
우리나라로 들여올 때
매기는 세금은?

ㄱ ㅅ

정답

나라끼리도 거래를 한다고?

문제 077

국가 간의 무역을 국내에서 하는 것처럼 관세를 낮추거나 없애자고 약속하는 것은?

*영어 약자

정답:

문제 078

나라와 나라 사이에 경제 분쟁이 일어났을 때 옳고 그름을 판단하고 잘못된 것을 바로잡는 국제기구는?

*영어 약자

정답:

문제 079

개발도상국 생산자의 경제적 자립과 발전을 위해 생산자에게 더 유리하게 무역하는 방식은?

ㄱㅈㅁㅇ

정답:

문제 080

물건 가격에 들어 있는 다양한 세금을 매기지 않고 판매하는 가게는?

ㅁㅅㅈ

정답:

5장

우리가 왜 세금을 내야 하지?

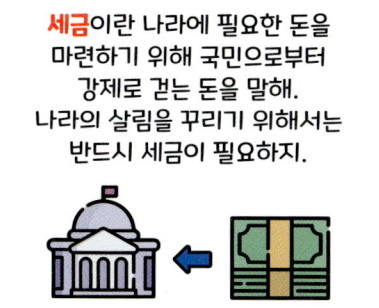

우리가 왜 세금을 내야 하지?

우리가 왜 세금을 내야 하지?

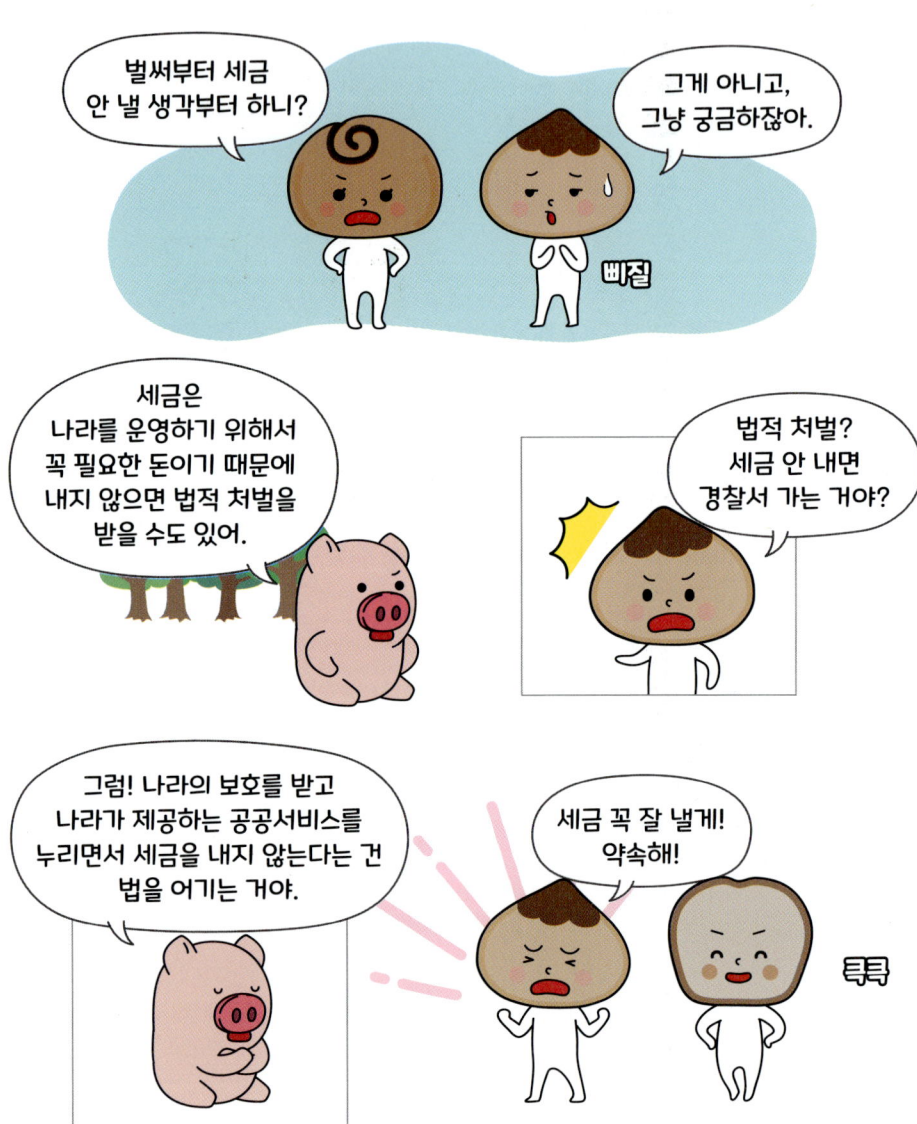

우리가 왜 세금을 내야 하지?

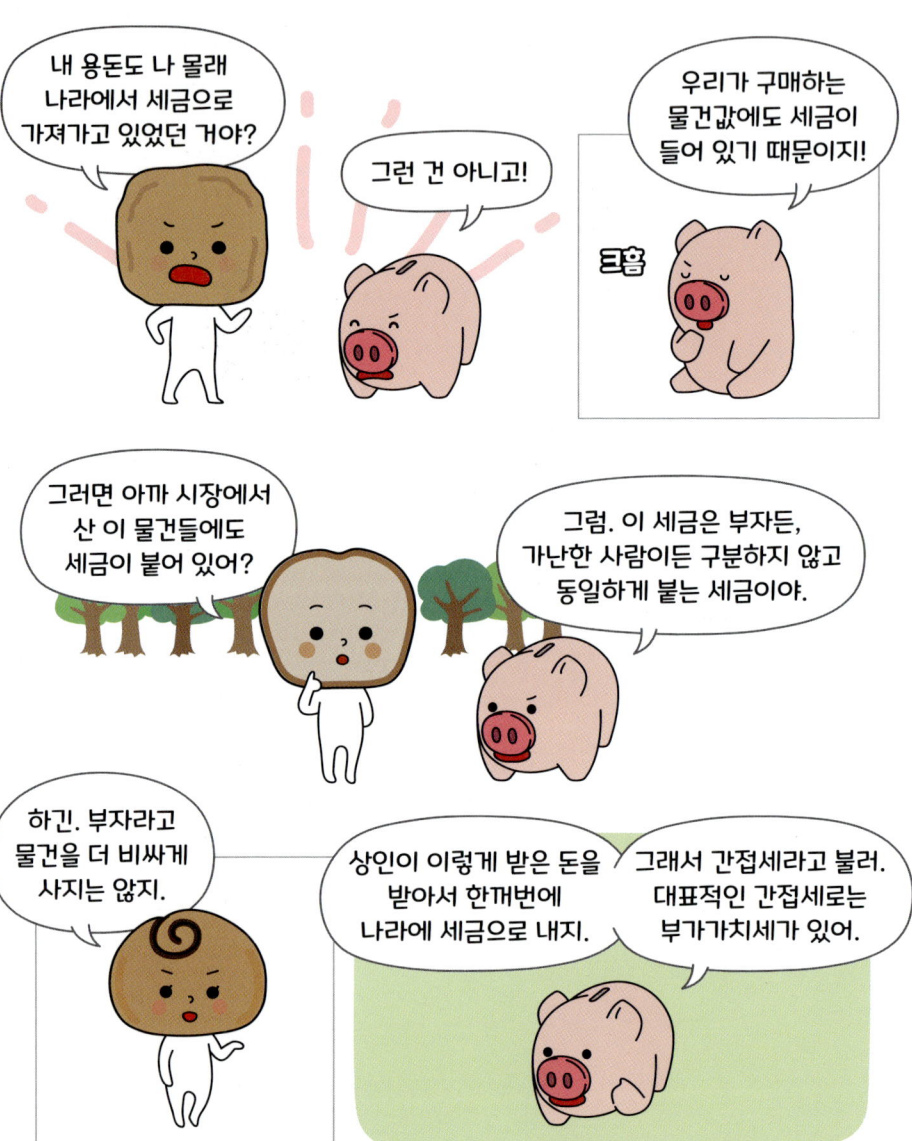

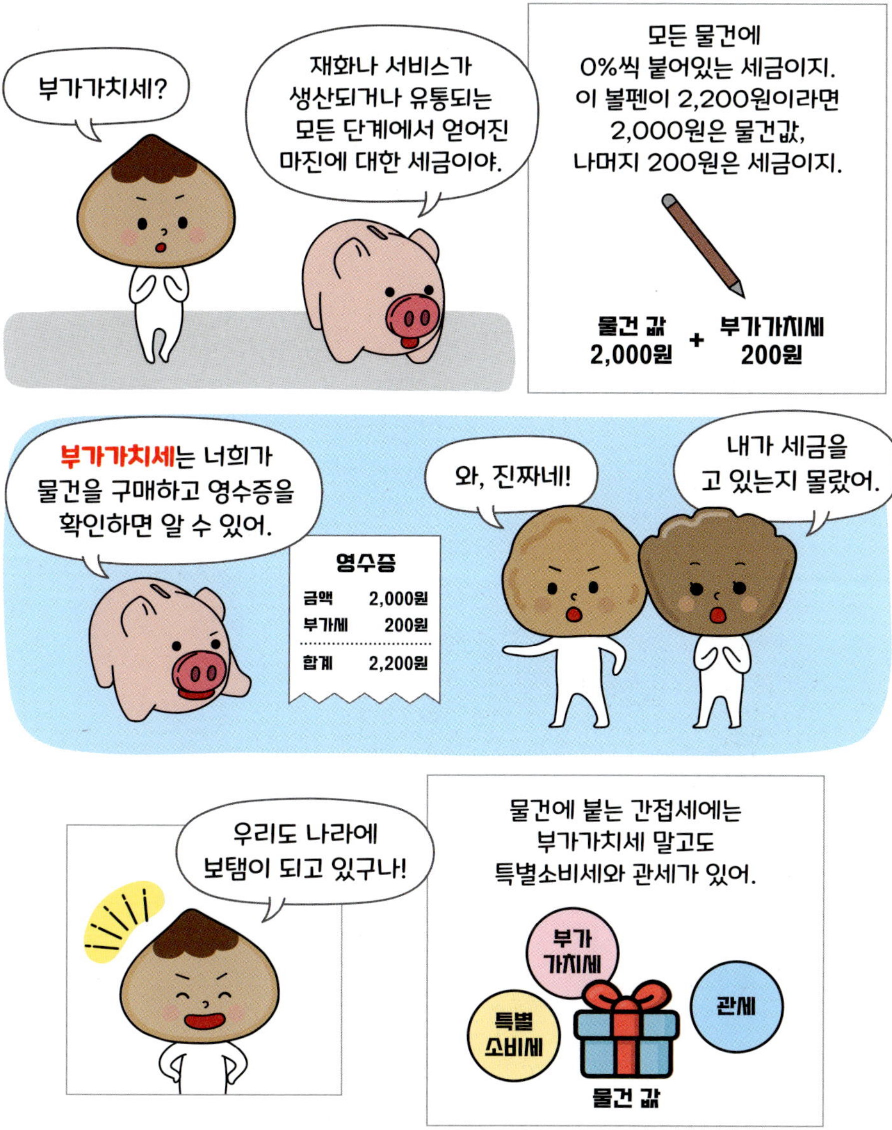

우리가 왜 세금을 내야 하지?

우리가 왜 세금을 내야 하지?

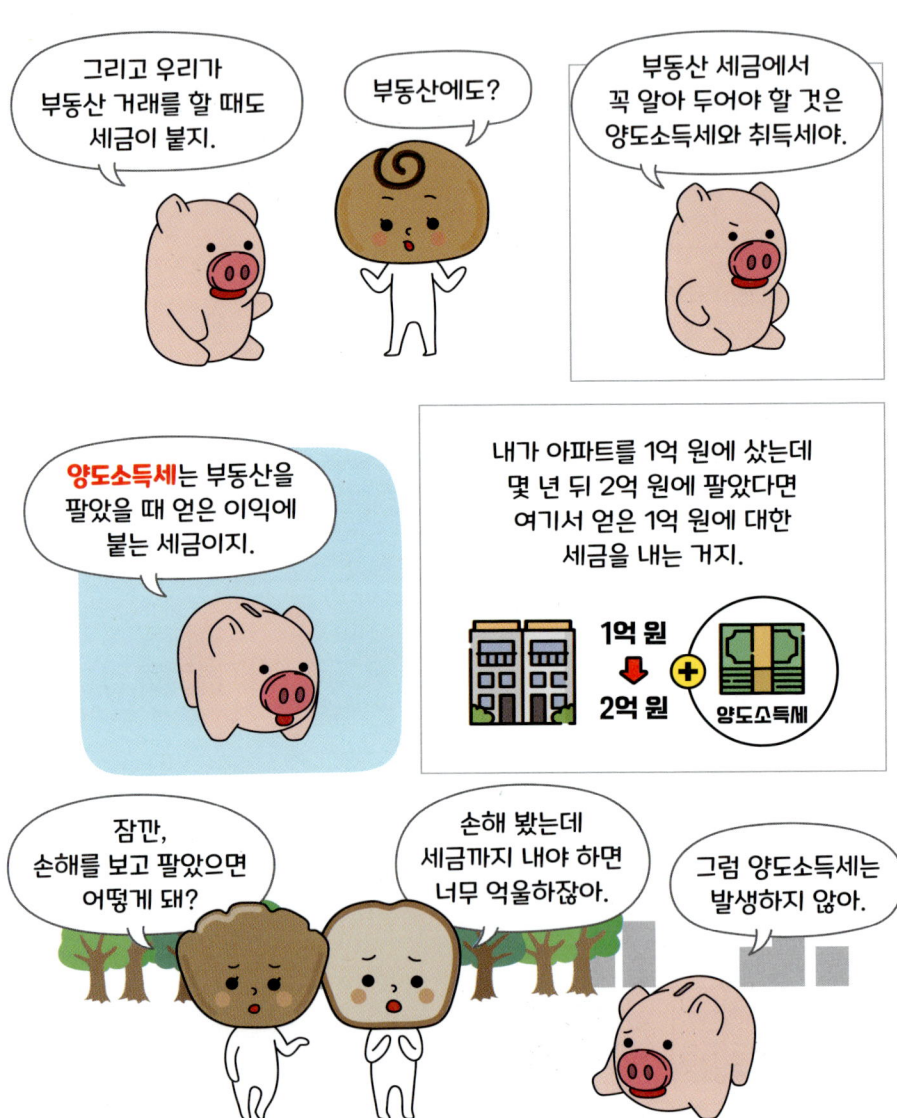

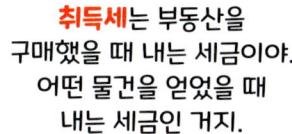
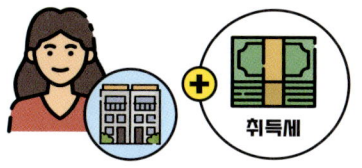
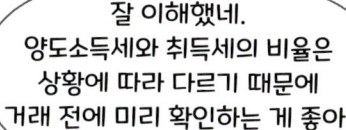
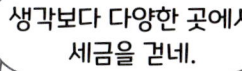

우리가 왜 세금을 내야 하지?

우리가 왜 세금을 내야 하지?

우리가 왜 세금을 내야 하지?

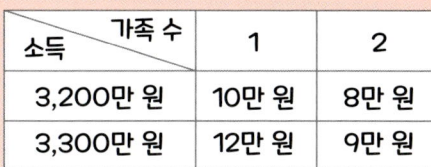

내가 버는 소득과 가족 수에 따라 납부할 금액을 미리 정해 놓은 표를 간이 세액표라고 해.

소득 \ 가족 수	1	2
3,200만 원	10만 원	8만 원
3,300만 원	12만 원	9만 원

그럼 1년 동안 간이로 계산해서 세금을 냈으니 세금을 더 내거나 덜 냈을 수도 있겠다.

맞아. 실제로 내야 할 세금과 간이 세액표로 계산한 세금의 금액이 안 맞을 수 있어.

그래서 1년에 한 번씩 연말에 내야 할 세금을 정확히 계산해서 세금을 더 냈다면 더 낸 만큼 돈을 돌려주고, 덜 냈다면 덜 낸 만큼 돈을 더 걷는 거야.

걷은 세금 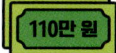 110만 원　**내야 할 세금** 100만 원　**돌려 받는 세금** 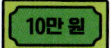 10만 원

이렇게 세금을 정확히 정산하는 것을 **연말 정산**이라고 해.

이렇게 하면 세금을 더 내거나 덜 내는 일은 없겠다.

우리가 왜 세금을 내야 하지?

우리가 왜 세금을 내야 하지?

문제 081

나라에 필요한 돈을
마련하기 위해
국민으로부터 걷는 돈은?

ㅅ ㄱ

정답:

문제 082

회사에서
직원들이 내야 할 세금을
월급에서 미리 떼어
나라에 대신 납부하는 것은?

ㅇ ㅊ ㅈ ㅅ

정답:

문제 083

가게를 운영하는
자영업자나 프리랜서가
1년에 한 번 직접 세금을
계산해서 내는 것은?

ㅈ ㅎ ㅅ ㄷ ㅅ

정답:

문제 084

재화나 서비스가
생산되거나 유통되는
모든 단계에서 얻어진
마진에 대한 세금은?

ㅂ ㄱ ㄱ ㅊ ㅅ

정답:

문제 085

나라에서 정한 금액 이상의 재산을 대가 없이 받았을 때 내는 세금은?

ㅈㅇㅅ

정답

문제 086

내가 가지고 있는 재산에 부과되는 세금은?

ㅈㅅㅅ

정답

문제 087

부동산을 팔았을 때 얻은 이익에 붙는 세금은?

ㅇㄷㅅㄷㅅ

정답

문제 088

부동산을 구매했을 때 내는 세금은?

ㅊㄷㅅ

정답

우리가 왜 세금을 내야 하지?

문제 089

경제와 관련된 정책을 만들고 수행하며 세금을 관리하는 국가 기관은?

ㄱ ㅎ ㅈ ㅈ ㅂ

정답

문제 090

기획재정부에 속하여 세금을 매기고, 걷고, 감면해 주기도 하는 기관은?

ㄱ ㅅ ㅊ

정답

문제 091

1년에 한 번씩 연말에 내야 할 세금을 정확히 계산해서 세금을 더 냈다면 돈을 돌려주고, 덜 냈다면 돈을 더 걷는 것은?

ㅇ ㅁ ㅈ ㅅ

정답

문제 092

사람이 사는 데 필요한 최소한의 돈을 가져갈 수 있게 세금을 내야 하는 소득 중에 일정 금액을 감면해 주는 것은?

ㅅ ㄷ ㄱ ㅈ

정답

6장

알아두면 쓸모 있는 경제 상식!

알아두면 쓸모 있는 경제 상식!

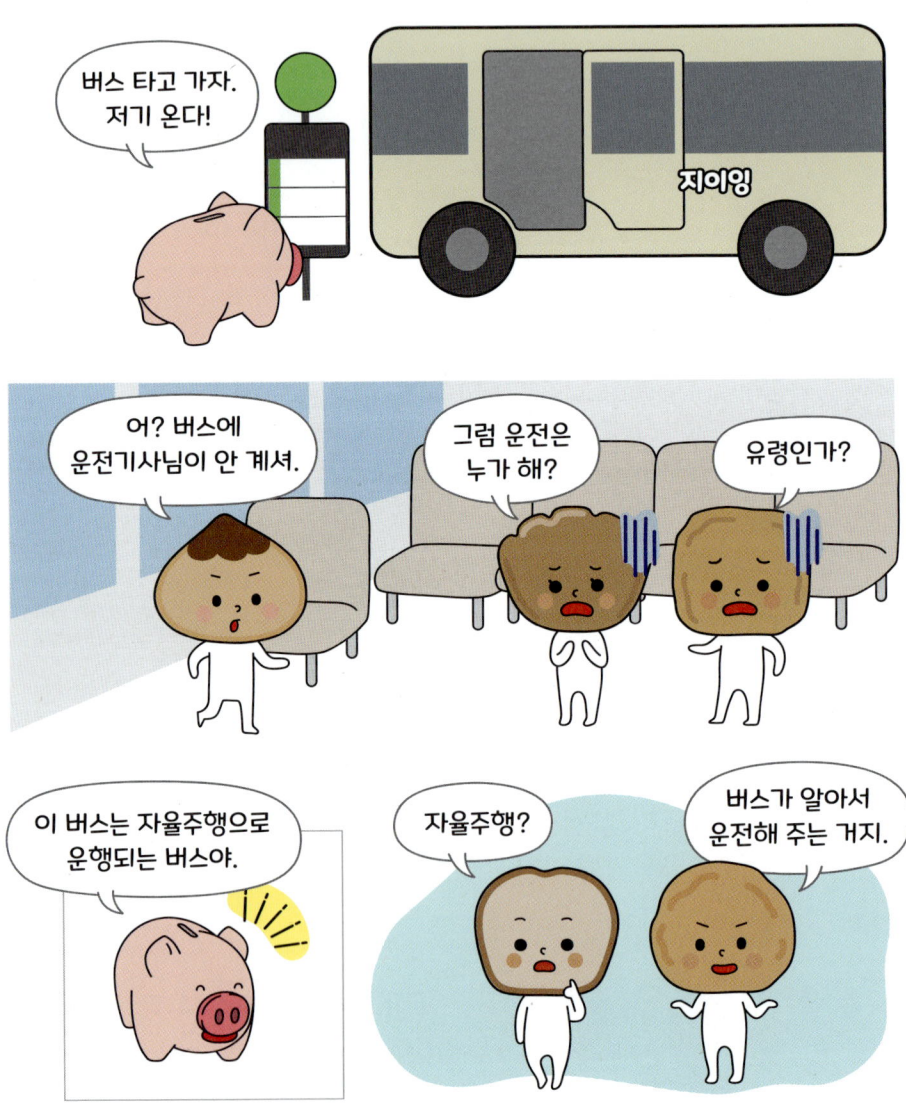

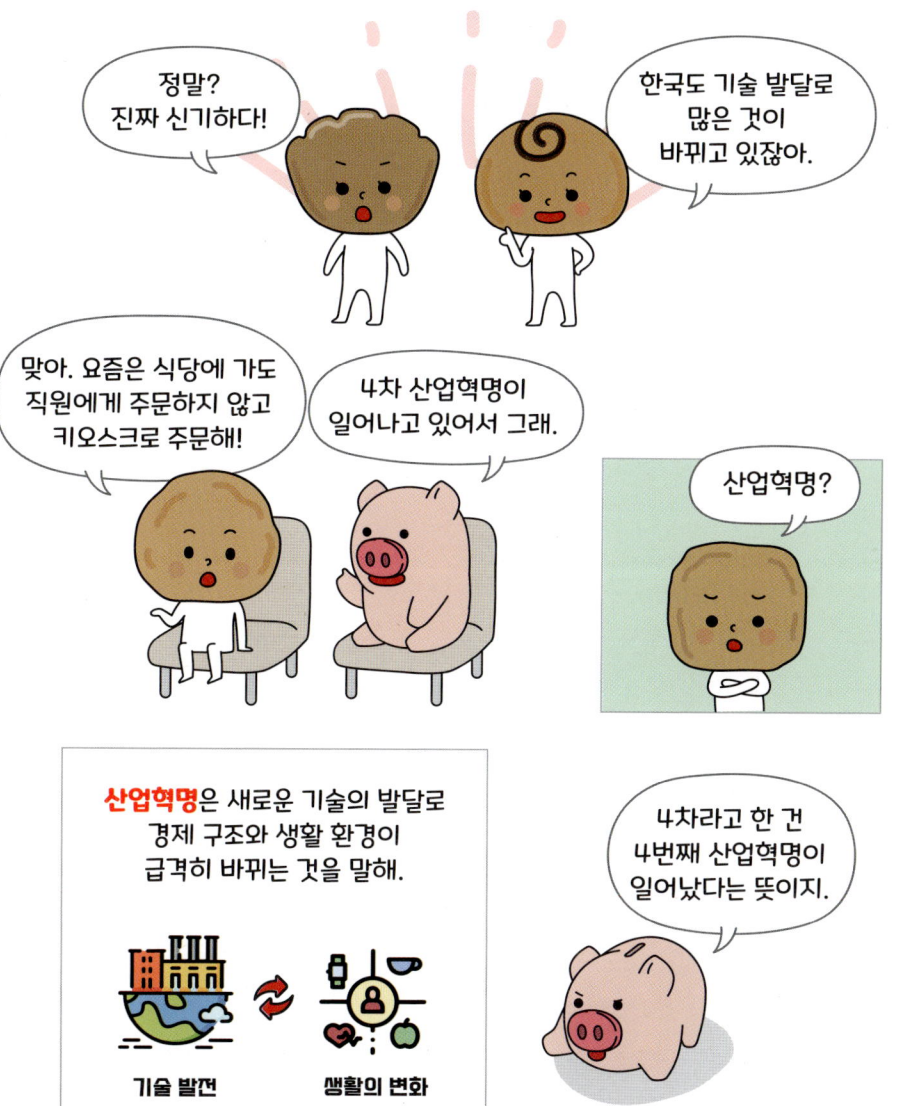

알아두면 쓸모 있는 경제 상식!

1차 산업혁명 : 기계화 혁명
증기기관의 발명으로 손으로 하던 많은 일을 기계가 대신하기 시작했지.

2차 산업혁명 : 산업화 혁명
전기 기술의 발달로 공장에서 물건을 대량으로 만들 수 있게 되었지.

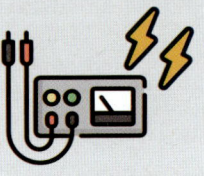

3차 산업 혁명 : 정보화 혁명
컴퓨터와 인터넷의 발달로 많은 정보가 빠르게 공유됐지.

4차 산업 혁명 : **지능화 혁명**
인공지능 발달로 사람만 할 수 있는 일의 경계가 사라졌어.

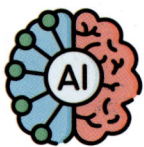

알아두면 쓸모 있는 경제 상식!

사람이 생활하는 데는 돈이 꼭 필요하지. 그래서 사람들은 열심히 일하는 거고.

그래?

그런데 회사에서 생활하기에 턱없이 부족한 돈을 준다면 어떻게 되겠어?

그럼 생활하기 너무 힘들 것 같아.

그래서 만들어진 게 바로 **최저임금제도**야.

노동자가 생활하려면 적어도 이 정도는 받아야 한다는 금액을 정해 놓은 거지.

다행이다.

괜히 걱정했네.

알아두면 쓸모 있는 경제 상식!

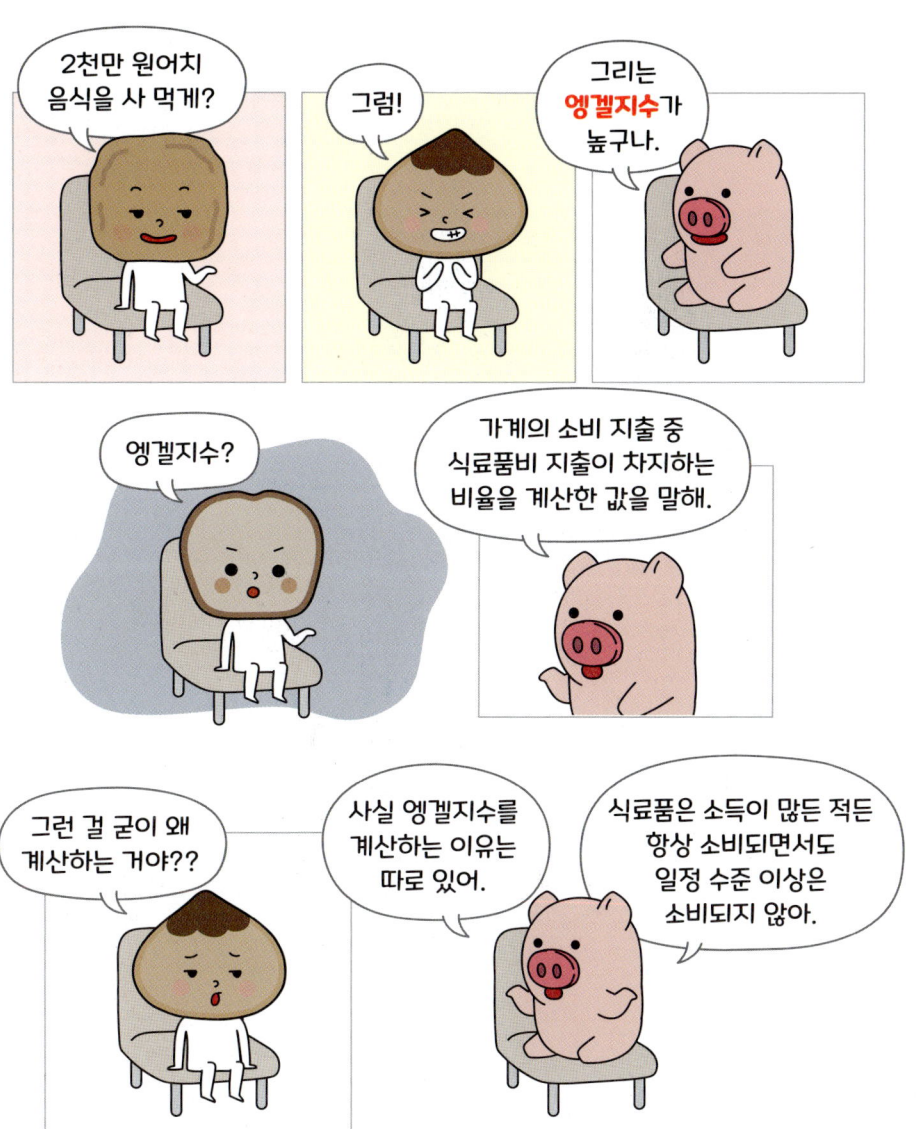

알아두면 쓸모 있는 경제 상식!

그래서 가계의 소득이 올라갈수록 먹는 것에 돈을 쓰는 비중이 감소한다는 특징이 있지.

그래서 가계에서 먹는 것에 쓴 돈이 차지하는 비율을 나타내는 엥겔지수가 가계의 생활 수준을 판단할 수 있는 수치 중 하나가 되었지.

아하, 그렇구나.

자자, 다들 내리자. 전망대에 도착했어.

앗, 맞다. 전망대 가는 중이었지.

놀러 가는 건 줄 알았는데 또 공부해버렸네.

여기서 퀴즈나 풀고 가자!

좋아!

문제 093

새로운 기술의 발달로 경제 구조와 생활 환경이 급격히 바뀌는 것을 말해.

ㅅㅇㅎㅁ

정답:

문제 094

인공지능 발달로 일어난 산업혁명은?

ㅈㄴㅎ ㅎㅁ

정답:

문제 095

낮은 임금의 노동자를 보호하기 위해 법으로 임금의 최저 금액을 정해놓은 것은?

ㅊㅈㅇㄱㅈㄷ

정답:

문제 096

가계의 소비 지출 중 식료품비 지출이 차지하는 비율을 계산한 값으로 가계의 생활 수준을 판단할 수 있는 수치 중 하나는?

ㅇㄱㅈㅅ

정답:

알아두면 쓸모 있는 경제 상식!

GDP는 가계, 기업, 정부가 1년 동안 만들어 낸 재화와 서비스의 가치를 돈으로 환산해 평가하는 거야.

한국의 2023년 국내 총생산은 2,236조 원 정도 되지.

2,236조 원

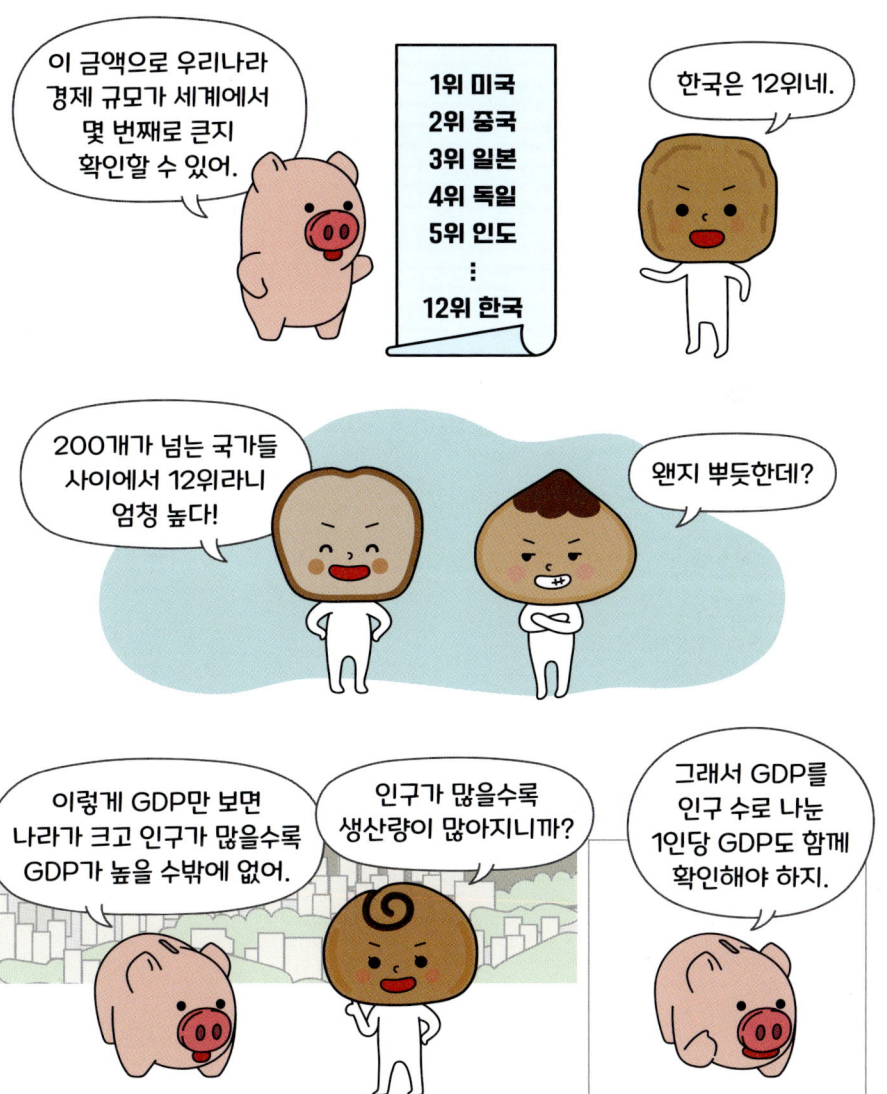

알아두면 쓸모 있는 경제 상식!

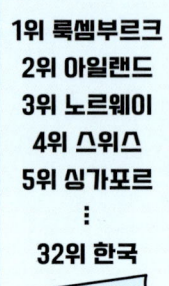
1위 룩셈부르크
2위 아일랜드
3위 노르웨이
4위 스위스
5위 싱가포르
⋮
32위 한국

한국은 32위에 있다.

이렇게 보니까 어느 나라의 경제 규모가 큰지 보기 쉽네.

그리고 이 표를 보면 **경제성장률**도 한눈에 보이지.

경제성장률이 뭔데?

일정 기간 동안 국가 경제의 실질적인 증가율을 말하는 거야.

주로 GDP를 기준으로 전년보다 얼마나 증가했는가 보는 거지.

경제 성장률이 0보다 높으면 경제 규모가 커진 거고, 0보다 낮으면 규모가 작아진 거겠지?

| 2020년 | -0.7 | 경제 규모 작아짐 |
| 2023년 | 1.4 | 경제 규모 커짐 |

알아두면 쓸모 있는 경제 상식!

그래서 각 나라는 필요할 때 사용할 수 있게 달러를 언제나 가지고 있어. 이걸 외환보유액이라고 해.

그런데 1997년에 한국에서 가지고 있던 달러가 부족해지면서 외국에서 빌린 돈을 갚지 못했고 한국의 많은 기업들이 문을 닫았어.

그럼 직업을 잃은 사람이 많아졌겠네?

맞아. 그래서 한국은 부족한 달러를 국제통화기금, 즉 IMF에서 빌리기로 했어.

IMF는 국가에서 돈이 필요할 때 빌려주기 위해 설립된 국제 금융기관이야.

IMF : 국제통화기금

그래도 돈을 빌려줘서 다행이다.

대신 한국의 경제를 통제하고 간섭하게 됐지.

돈을 빨리 갚아야 했겠네…

돈이 없어서 빌렸는데 어떻게 갚아.

그래서 이 위기를 탈출하기 위해 전 국민이 노력했어.

자기가 가지고 있던 금을 모아서 나라에 기부한 거야.
이걸 **금 모으기 운동**이라고 하지.

나라의 경제가 살아야 가계도 살아난다는 걸 아셨구나.

직장도 잃은 어려운 상황에서 자기의 재산을 나라에 기부했다니 대단하다.

사람들이 금을 모은 이유는 금은 어느 나라에서나 가치를 인정받을 수 있기 때문이었지. 이렇게 모은 돈을 정부에서 팔아 달러를 벌어들였어.

알아두면 쓸모 있는 경제 상식!

알아두면 쓸모 있는 경제 상식!

"구매한 물건 때문에 피해를 입으면 물건을 만든 회사에서 보상해 줘야 해."

"그런데 혼자서는 기업을 상대하기 어렵기 때문에 나라에서 소비자를 보호할 수 있는 법을 만들었지."

"그게 소비자 기본법이구나."

"그런 법이 있다면 알아두는 게 좋겠는데?"

"소비자 기본법이 뭔지 정확히 알려줄게."

소비자에게는 상품이나 서비스로 생명, 신체, 재산이 피해받지 않게 안전하게 보호받을 권리가 있어.

"음료수에서 이물질이 나왔어! 환불!"

상품이나 서비스의 품질, 성능, 내용, 가격 등 충분한 정보를 제공받을 수 있는 권리도 있지.

"이 제품을 뭘로 만들었는지 잘 나와있네."

알아두면 쓸모 있는 경제 상식!

폐기 화폐가 됐다고?

폐기 화폐가 뭔데?

화폐를 사용하다 보면 찢어지거나 불에 타거나 지금처럼 음료수를 쏟을 수도 있어.

특히 순면으로 만든 지폐는 더 쉽게 훼손되지. 그렇게 못 쓰게 된 화폐를 **폐기 화폐**라고 해.

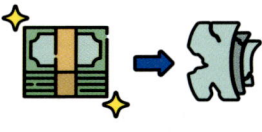

매년 어마어마한 양의 폐기 화폐가 나와. 2022년 중 훼손되거나 더러워져서 폐기한 화폐는 4억 1,300만 장이나 되고 그 금액은 2조 6,414억 원에 달한다고 해.

4억 1,300만 장   2조 6,414억 원

2…2조 원?

알아두면 쓸모 있는 경제 상식!

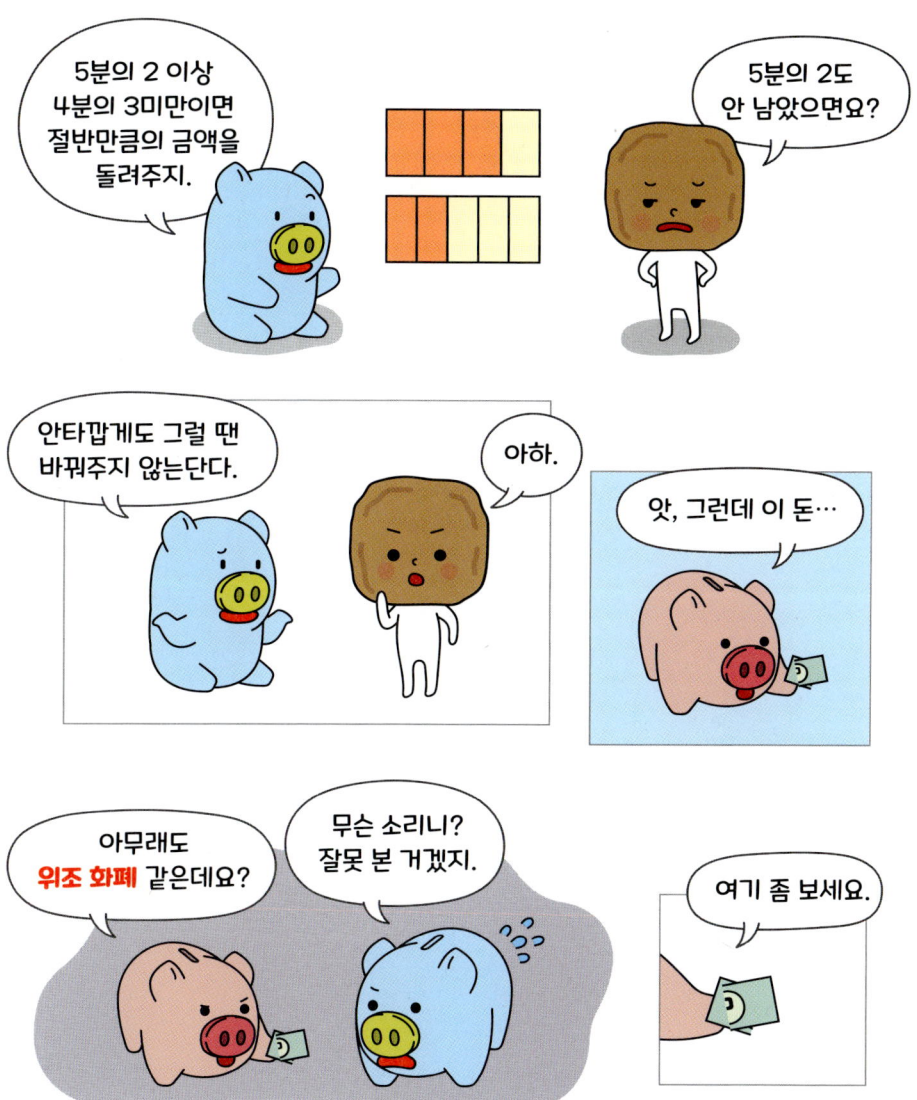

알아두면 쓸모 있는 경제 상식!

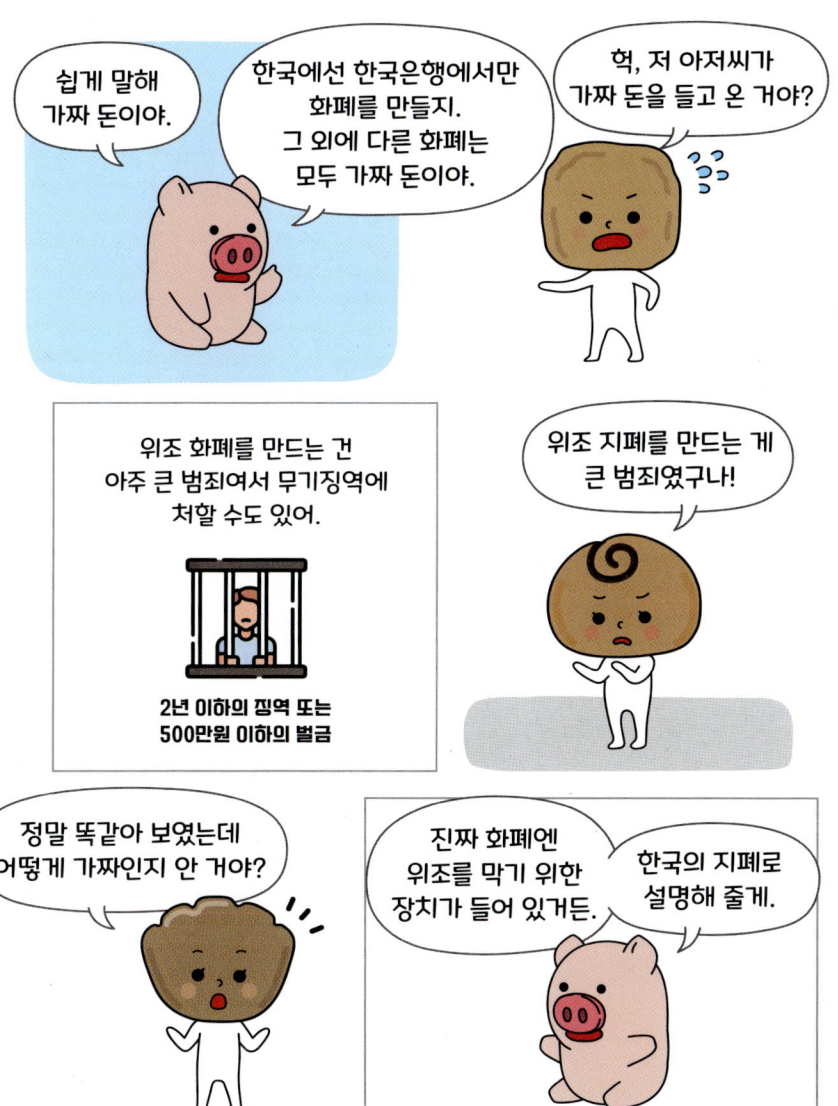

알아두면 쓸모 있는 경제 상식!

지폐 앞면의 왼쪽 끝에는 반짝이는 특수 필름이 붙어 있어. 보는 각도에 따라 우리나라 지도, 태극, 4괘 무늬, 숫자 '50000'을 확인할 수 있지.

화폐마다 다르게 새겨져 있는 일련번호의 크기가 오른쪽으로 갈수록 점점 커지지.

색 변환 잉크를 사용해서 뒷면 오른쪽 아래 숫자 '50000'은 보는 각도에 따라 자홍색 또는 녹색으로 보여.

지폐의 비어 있는 부분을 빛에 비추어 보면 숨어 있는 신사임당의 초상화가 보여.

5만 원짜리 지폐에는 위조 방지 장치가 22개나 있어. 하지만 16개만 공개하고 나머지는 비밀이지.

아하, 위조 방지장치를 그대로 따라할 수도 있으니까?

알아두면 쓸모 있는 경제 상식!

문제 097

가계, 기업, 정부가 1년 동안 만들어 낸 재화와 서비스의 가치를 돈으로 환산해 평가하는 것은?

*영어 약자

정답

문제 098

일정 기간 동안 국가 경제의 실질적인 증가율을 말하는 것은?

ㄱㅈㅅㅈㄹ

정답

문제 099

1997년에 한국에서 가지고 있던 달러가 부족해지면서 ○○○에서 달러를 빌렸다. ○○○에 들어갈 말은?

*영어 약자

정답

문제 100

경제가 어려울 때 국민들이 자발적으로 금을 모아 나라에 기부한 운동은?

ㄱㅁㅇㄱ ㅇㄷ

정답

문제 101

구매한 물건 때문에
피해를 입었을 때
나라에서 소비자를
보호할 수 있는 법은?

ㅅㅂㅈ ㄱㅂㅂ

정답

문제 102

돈을 만드는 곳은?

ㅈㅍㅅ

정답

문제 103

못 쓰게 된 화폐를
뜻하는 말은?

ㅍㄱㅎㅍ

정답

문제 104

한국은행에서 만들지 않은
가짜 화폐는?

ㅇㅈㅈㅍ

정답

6장_알아두면 쓸모 있는 경제 상식!

알아두면 쓸모 있는 경제 상식!

알아두면 쓸모 있는 경제 상식!

6장_알아두면 쓸모 있는 경제 상식!

알아두면 쓸모 있는 경제 상식!

001. 재화
002. 용역
003. 경제
004. 가계 / 기업 / 정부
005. 소득
006. 근로 소득 / 사업 소득
007. 소비
008. 기회비용
009. 가격
010. 수요
011. 공급
012. 시장
013. 물가
014. 인플레이션
015. 스태그플레이션
016. 화폐 가치
017. 은행
018. 예대마진
019. 중앙은행
020. 통화량
021. 금리
022. 기준금리
023. 저축
024. 정기 적금
025. 복리
026. 주택청약통장

027. 대출
028. 신용 점수
029. 신용대출
030. 담보대출
031. 지급준비율
032. 예금자보호제도
033. 뱅크 런
034. 체크카드
035. 신용카드
036. 인터넷 전문 은행
037. 재테크
038. 가계부
039. 투자
040. 주식회사
041. 주식
042. 배당금
043. 재무제표
044. 유량주
045. 펀드
046. 채권
047. 암호화폐
048. 블록체인
049. 보험
050. 생명보험
051. 사회보험
052. 국민건강보험
053. 공인중개사
054. 전세
055. 월세
056. 신도시
057. CEO
058. 다국적 기업
059. 스타트업
060. 벤처기업
061. 인수합병
062. 독과점
063. 사회적 기업
064. 공기업
065. 블루오션
066. 레드오션
067. 흑자
068. 적자
069. 무역
070. 수출
071. 수입
072. 비교우위
073. 환전
074. 환율
075. 기축통화
076. 관세
077. FTA
078. WTO
079. 공정무역
080. 면세점
081. 세금
082. 원천징수
083. 종합소득세
084. 부가가치세
085. 증여세
086. 재산세
087. 양도소득세
088. 취득세
089. 기획재정부
090. 국세청
091. 연말정산
092. 소득공제
093. 산업혁명
094. 지능화 혁명
095. 최저임금제도
096. 엥겔지수
097. GDP
098. 경제성장률
099. IMF
100. 금 모으기 운동
101. 소비자 기본법
102. 조폐소
103. 폐기 화폐
104. 위조 화폐

바로 알고, 바로 쓰는
빵빵한 어린이 경제퀴즈